虫といっしょに！
オーガニックな庭づくり

曳地トシ＋曳地義治

築地書館

はじめに

庭仕事の愉しみはここから始まる！

緑は楽しみたいけど、虫は嫌い！

この本を手にとったあなたも、そんな一人ではないでしょうか？　そして、庭で虫を見かけたら、殺虫剤を使うしかないと思っていませんか？

私も虫は大嫌いで、子どものころからさわったこともよく見たこともなく、植木屋になるまで虫と目を合わせることもできませんでした。そんな私がなんと植木屋になってしまい、それも無農薬でやっていくことを決意したわけですから、さぁたいへん！　最初はハチに刺され、チャドクガのかゆさに卒倒しそうになり、アリを見ていると気持ちが悪くなる、というありさまでした。

無農薬で植木屋を続けるためには、「敵」である虫たちのことを調べたり、観察するしかなかったのです。ところが、そうやって虫たちを知れば知るほど、そのおもしろさに魅了され、それとともに植物だけを見ていたときよりも、がぜん庭仕事がおもしろくなってきました。ここから私は、ほんとうの庭の愉しみへと導かれていったような気がします。

庭でも無農薬、オーガニックが実現できます！

農薬をやめると、最初はゆり戻しがあり、一時的に「害虫」とされている虫たちが大発生するかもしれません。しかし、根気よく続けていけば、土も健康になり、天敵も増えてきます。そうやって、長年、無農薬で庭を管理していると、虫や鳥がどんどん庭に戻ってきて、生きものたちの生命にあふれた庭になってきます。

この本は、殺虫剤などの農薬にたよらず、健康で安心な庭仕事を楽しんでいただくために、虫たちを見わける力＝「虫力」をつけるためのガイドブックです。書店の園芸コーナーに並んでいる病虫害対策の本とは違い、虫を全滅させようという趣旨の本ではありません。そのかわりに、虫と植物の関係、捕食関係、生態系のなかでの虫やいろいろな生きものとのかかわりをわかりやすく解説しました。もちろん、虫の対処方法にもふれています。

庭仕事では、昆虫研究家のような知識は必要ないので、個々の虫のくわしい名前まではあげていない場合があります。

たとえば、アブラムシは日本国内だけでも７００種類以上が確認されていますが、モモアカアブラムシ、ワタアブラムシ、ムギワラギクオマルアブラムシなどというくわしい名前までわからなくても、アブラムシの仲間であること、植物の葉や茎を吸汁していることがわかれば十分です。

同じように、カメムシの仲間だということがわかり、そのうちの肉食なのか草食なのかぐらいがわかればよしとして、おおらかな気持ちで虫を見てください。

そして、どうしてもわからない場合やちょっと自信がないぞという場合には、ほかの図鑑や虫の本で調べていくと、楽しみが深まります。

本書には、図鑑ではあまり相手にされていない種類の虫たちも載せています。じつは、そういう虫たちが、庭ではとても大切な役割を担っているからです。

無農薬での庭管理に、特別な難しい技術はいりません。とにかくよく観察すること、虫たちのことを知ること、あとは実践あるのみです。小さな庭もワンダーランド。どうかみなさん、この本を参考に、生きものたちのにぎわいのある豊かな庭をつくってください。

虫たちの名前や生態がわかるようになると、ますます庭がおもしろくなってくること請け合いです。

『虫といっしょに庭づくり』から17年を経て

植物や庭が好きな人でも、できればいなくなってほしいと思う虫たち。ですが、油断をしていたら、さあ、たいへん！

世界の昆虫の個体数は1年間に1～2％減っているといわれています。これは「たったの1～2％しか減っていない」のでしょうか？　それとも「1～2％も減っている！」のでしょうか？

「ナショナル ジオグラフィック」（２０１９年2月18日）に載った記事は、さらに衝撃的でした。「すべての昆虫種のうち40％が減少していて、今後数十年で絶滅する可能性がある」と書かれていたからです。

このまま行くと、昆虫に受粉を助けられている自然界の植物も農作物も減りつづけ、何よりも約40億年かけて築いてきた生態系のシステムが大きく崩れてしまうことになるでしょう。ある1種類の虫が絶滅してしまうことは、生態系という複雑なパズルのピースが欠けること。そして、隣り合うピースが崩れるように、生態系が失われていきます。しかも、その原因は人間の活動にあるわけですから、私たちはすぐにでもこの状況を変えなければなりません。

もうひとつ、気になったのは、何人かの保育士の方から、「最近の子どもたちは虫をとても怖がる」という話を聞いたことです。「おそらく、まず親が虫を嫌いなんでしょうね」と口をそろえていっていたことが印象的でした。私たちも以前は虫が苦手でした。とはいえ本来、子どもは好奇心の塊。虫と出会うことは、未知の世界への入り口。自然に触れ、生態系を知るための絶好の機会なのです。自然体験が難しくなっている昨今ですが、子どものうちから自然に親しみ、季節を感じる体験をしてもらう場所として庭や公共の緑をもっと活用してほしいと願っています。

グロテスクな形をしたものも多い虫たちですが、生態系のなかでは、一つひとつがかけがえのない役割を担っています。少しでも虫たちの生態を知り、私たちが生きるこの地球を支えてくれている虫たちとのつきあい方を知っていただける本となれば幸いです。

本書で載せた虫の順番に明確な決まりはありませんが、虫初心者の方にも楽しく読んでいただけるよう、比較的「益虫」のイメージが強いものから順に並べました。

なお、本書の元である『虫といっしょに庭づくり』では、私たちがお客さまの庭で撮った写真が9割を超えていました。しかし、この間、SNSなどを通じて多くの虫友《むしとも》を得、私たちでは撮りえない写真を新たにお借りすることができました。お一人おひとりのお名前は紙幅の関係でこの場でご紹介できませんが、各写真にお名前を掲載し、それをもってお礼とさせていただきます。みなさまのご協力により、庭で見られる身近な生きものたちと出会えるたいへん充実した本となりましたこと、心からお礼申し上げます。まことにありがとうございました。

たんなる虫図鑑とは違った「庭先の虫たち」の世界を楽しんでいただけたら幸いです。

目次

基礎編

私たちの考えるオーガニックガーデンについて紹介しました。無農薬で庭づくりをするために知っておきたい基礎編です。

虫編

庭でよく見る虫を中心に、発生する場所、時期、何を食べるのか、対処法などを紹介しました。庭木や草花に虫がいてもあわてずに、まずはどんな虫かを知ってください。姿かたちにぎょっとしても、せっせとアブラムシを食べてくれるけなげなヤツかもしれませんよ。

コラム

オーガニックガーデナーのための虫のマメ知識やはみだし情報です。

柑橘類
ナミアゲハ p.136
クロアゲハ p.138

常緑中木
ツバキ、サザンカ…チャドクガ p.127
モッコク、モチノキ…ハマキムシ p.181

落葉中木
モミジ、ザクロ、イチジク…カミキリムシ p.159
モミジ、カキ…イラガ類 p.132
エゴノキ…エゴノネコアシアブラムシ p.120
ナツツバキ（シャラ）…チャドクガ p.127
果樹…カメムシ p.165

常緑高木
マテバシイ、クスノキ、
タイサンボク、カシ類etc.

いろいろな樹木にいる虫
テントウムシ類 p.42〜58
ヒラタアブ p.59
クサカゲロウ p.61
アシナガバチ p.64
クモ類 p.79
カマキリ p.103
アブラムシ p.118
カイガラムシ p.124
アメリカシロヒトリ p.134
シャクトリムシ p.149
ミノムシ p.151
アオバハゴロモ p.156

木の根元
ヘビ p.109
カエル p.109〜111
トカゲ p.108

落葉低木
ブルーベリー
ユキヤナギ
アジサイ
コデマリ
コムラサキ
ドウダンツツジ

野菜
アブラムシ p.118
ヨトウムシ p.150
ナメクジ p.172

ナス科植物
オオニジュウヤホシテントウ p.53
ルイヨウマダラテントウ p.54

虫は庭のこんなところにいる！

★発生頻度が高いものや、食草がはっきりしているものに関しては具体的な虫の名前をあげています。
★虫の名前がないからといって、その樹木に虫が発生しないわけではありません。
★本書で取り上げた虫のみをあげています。

針葉樹
マツ、マキ、サワラ
カイヅカイブキetc.

落葉高木
サクラ…モンクロシャチホコ p.143
ケヤキ、ソロetc.

生け垣
ヒイラギモクセイ…ヘリグロテントウノミハムシ p.169
サンゴジュ…サンゴジュハムシ p.183
ツゲ、ボックスウッド…ツゲノメイガ p.147

常緑低木
クチナシ…オオスカシバ p.154
ツツジ、サツキ…ルリチュウレンジ p.176
ツツジグンバイ p.179

ハーブ類
パセリ、ディル…キアゲハ p.139

草花
ナナホシテントウ p.45
ヒラタアブ成虫 p.59
ハナバチ類 p.74
アブラムシ p.118
ヨトウムシ p.150
カタツムリ p.170
ナメクジ p.172

地面付近
アリ p.85
シロアリ p.90
ヤスデ p.93
ダンゴムシ p.94
ワラジムシ p.96
ゲジ p.97
ムカデ p.98

アブラナ科の野菜
モンシロチョウ p.142

色や形から虫の名前を探そう

正式な名前ではなく、一般的によく使われる名前を使用している場合もあります。

ただし、テントウムシとチョウに関しては、庭でよく見るので、正式名で紹介しています。

ナミテントウ幼虫
→p.44

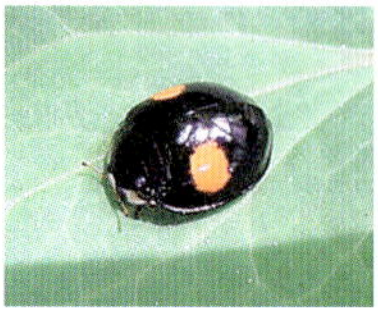
ナミテントウ成虫
→p.43

ナナホシテントウ幼虫
→p.45

ナナホシテントウ成虫
→p.45

ムーアシロホシテントウ
成虫→p.47

キイロテントウ成虫
→p.48

クモガタテントウ成虫
→p.49

コクロヒメテントウ幼虫
→p.51

ヒメカメノコテントウ
幼虫→p.52

ヒメカメノコテントウ
成虫→p.52

ベダリアテントウ成虫
→p.53

ルイヨウマダラテントウ
東京西郊型成虫→p.54

トホシテントウ成虫
→p.54

アカホシテントウ成虫
→p.56

ヒメアカホシテントウ
成虫→p.56

カメノコテントウ成虫
→p.57

ムネアカオオクロテントウ
成虫→p.57

ヒラタアブ幼虫
→p.59

ヒラタアブ成虫
→p.59

シオヤアブ成虫
→p.61

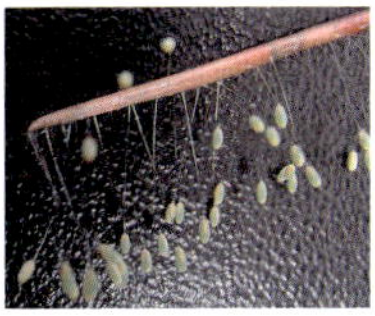
クサカゲロウの卵
→p.62

クサカゲロウ幼虫
→p.62

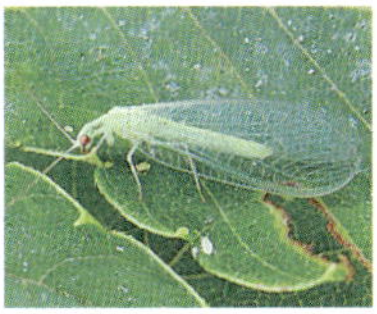
クサカゲロウ成虫
→p.62

アシナガバチ
→p.65

スズメバチの巣
→p.69

スズバチの巣
→p.71

トックリバチの巣
→p.72

ジガバチ
→p.72

トラマルハナバチ
→p.74

コマルハナバチ
→p.74

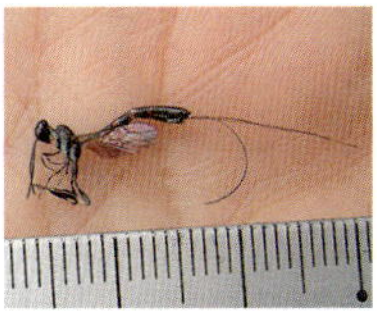
コンボウヤセバチ
→p.76

アゲハヒメバチの脱出孔
→p.140

アオムシサムライコマユバチの繭→p.142

ヤマトシリアゲ
→p.79

オニグモ
→p.80

マネキグモ
→p.82

ハナグモ
→p.83

チュウガタコガネグモ
→p.83

ジョロウグモ
→p.84

シロアリ
→p.91

ヤスデ
→p.93

ダンゴムシ
→p.95

ワラジムシ
→p.96

ゲジ
→p.98

ムカデ
→ p.99

アオバアリガタハネカクシ
→ p.101

コウガイビル
→ p.102

カマキリの卵嚢
→ p.105

センチコガネ
→ p.106

オオヒラタシデムシ幼虫
→ p.107

ヤモリ
→ p.109

アズマヒキガエル
→ p.110

ヒガシニホンアマガエル
→ p.111

アブラムシ
→ p.121

カイガラムシ
→ p.125

ルビーロウカイガラムシ
→ p.127

チャドクガ幼虫
→ p.129

イラガ類
→ p.133

アメリカシロヒトリ幼虫
→ p.135

ナミアゲハ幼虫
→ p.137

クロアゲハ幼虫
→ p.139

キアゲハ幼虫
→ p.140

ツマグロヒョウモン幼虫
→ p.141

モンシロチョウ幼虫
→ p.142

モンクロシャチホコ幼虫
→ p.145

ツゲノメイガ幼虫
→ p.148

シャクトリムシ
→ p.149

ヨトウムシ
→ p.150

ミノムシ
→ p.153

オオスカシバ幼虫
→ p.155

アオバハゴロモ幼虫
→ p.157

ツマグロオオヨコバイ
成虫→ p.158

ゴマダラカミキリ
→ p.160

ルリカミキリ
→ p.162

クビアカツヤカミキリ
→ p.163

オリーブアナアキゾウムシ
→ p.164

エサキモンキツノカメムシ
→ p.167

キマダラカメムシ
→ p.168

ヘリグロテントウノミハ
ムシ→ p.169

ナメクジ
→ p.173

アワフキムシの泡巣
→ p.175

ルリチュウレンジ幼虫
→ p.176

ツツジグンバイ成虫
→ p.181

ハマキムシの食害
→ p.182

サンゴジュハムシ幼虫
→ p.183

コガネムシ
→ p.185

カナブン
→ p.185

ハナムグリ
→ p.185

本書の使い方

- 本書は、庭のなかでの虫の役割や虫への対処の仕方を中心に解説しています。
- 基礎編では、生態系の話、オーガニックスプレー（自然農薬）など、オーガニックガーデンに必要な基礎知識をまとめました。
- 虫編では、庭でよく見かける虫 71 項目と、爬虫類・両生類や鳥も取り上げました。それ以外に写真だけで紹介した虫もあります。
- 虫の名前については、庭仕事では昆虫研究家のような知識は必要ないので、個々の虫のくわしい名前まではあげていない場合があります。また、学術的な表記よりも一般的になじみのある名前を優先しています。
- 取り上げた虫の発生状況や対処法は、関東地方を基準にしています。また、地域や年によって発生する時期が違ったり、ほとんど発生しない場合もあります。
- それぞれの虫の説明の最初に、発生する場所、発生時期、何を食べるか、天敵などのデータを掲載しています。これらはあくまでも目安です。
- 虫の説明とともに写真を掲載しています。それぞれの写真には簡単な解説をつけています。
- 虫の色や姿かたちから探すことができるように、虫の写真索引を掲載しています（14 ～ 17 ページ）。
- 庭で虫を発見したら……

  名前がわかる→目次や巻末の索引から該当ページへ。

  名前がわからない→ 14 ～ 17 ページの写真索引で似ている虫を見つけよう。

  →発生している樹種を巻末の索引で調べよう。

用語について

- この本では病気と害虫という意味にとれる「病害虫」という言葉を使わず、病気と虫によって引き起こされる被害という意味をこめて「病虫害」という言葉を使っています。
- 虫たちはそれぞれすみわけをしており、子孫を残して生き残るために生活していて、人間を困らせようと食害しているわけではありません。ですから、生態系のなかでは「益虫」「害虫」という考え方はありません。そこで本書では、一般的に呼ばれている場合などを指していう場合は、カギカッコをつけて「益虫」「害虫」としています。
- 生きものを捕食する相手のことを「天敵」と呼びます。生態系のなかでは「益虫」「害虫」という考え方はありませんが、「天敵」という考え方はあります。
- 自然農薬はオーガニックスプレーとし、化学合成農薬は農薬と表記しています。

基礎編

私たちの考えるオーガニックガーデンについて
紹介しました。
無農薬で庭づくりをするために
知っておきたい基礎編です。

オーガニックガーデンとは

さぁ、オーガニックガーデンをつくろう！
でも、オーガニックガーデンって、どんな庭？
そんな素朴な疑問をもつ方も多いことだろう。
無農薬でありさえすれば、オーガニックガーデン？
人間の手を入れずに、植物をのばし放題にすること？
見た目よりも環境重視？

オーガニックガーデンとは、いつでもいつまでも庭にいたくなるような、もうひとつの暮らしの場。そのためには、安全・安心であること、使いやすいデザインであること、居心地がいいこと、いろいろな楽しみ方ができること、人間も自然の一部だと感じられることが大切だ。

植物があれば、虫がいるのは自然なこと。庭は植物を愛でるとともに、いろいろな生きものたちの、いのちのにぎわいのある場所であってほしい。植物とほかの生きものたちとの関係を大切にすることで、有機的な生命体のつながりが見えてくる。だからこそ、いのちのつながりを断ち切るような農薬や化学肥料を使わないで、安心で安全な庭仕事を楽しんでもらいたい。

さらに雨水をためて利用したり、生ごみを堆肥にしたり、野菜やくだものを植えたりして、小さな循環をつくること。どんなに小さなことでも、有機的なつながりを大切にしていれば、それは環境を守ることにつながっていく。

そんな、人と自然をつなぐ魔法の場所……それが私たちの考えるオーガニックガーデンなのだ。

オーガニックガーデンと生態系

たとえ小さな庭であっても、そこはさまざまな生きものたちがすむ世界。土壌微生物、ミミズやダンゴムシなどの土をつくる分解者、生産者である植物、それを食べる虫（いわゆる「害虫」といわれてしまう虫たち）、肉食の虫や小動物、そして大型のほ乳類や猛禽類などによって生態系は形づくられ、自然界は成りたっている。しかもその関係は一方的なものではなく、複雑にからみ合っていて、網の目のようだ。

生態系ピラミッドはそれらの関係をわかりやすく図にしたものだが、それも固定されたものではなく、たとえば、鳥はイモムシなどを食べるが、実をついばむことから、直接植物を食べる関係ももっている。

また、「弱肉強食」という言葉を、強いものが弱いものを食べて生きていくという意味にとらえがちだと思う。だが、生態系ピラミッドの頂点にあるものが、その下位にあるものたちに支えられている、という考え方のほうが自然ではないだろうか。

たとえば、森の隅を開発して、宅地をつくると、生態系ピラミッドはⒶの図のようになる。

では、森の真ん中に道路を1本通すとどうなるだろうか？

生態系のバランスがうまく保たれていると、ある1種類の虫が何年もくり返し大発生するということは難しい。つまり虫は、今の庭の状態を表わしているともいえる。

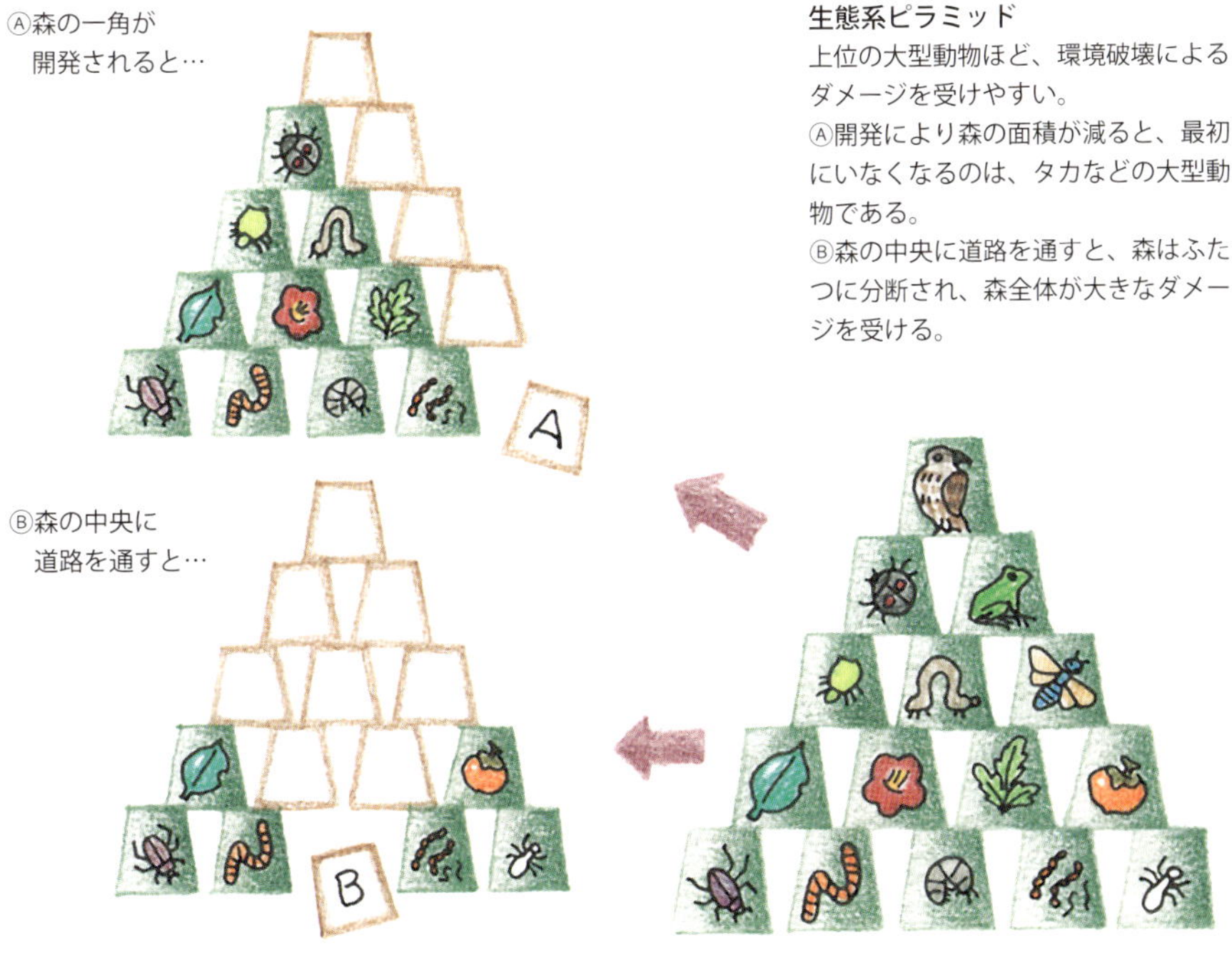

生態系ピラミッド
上位の大型動物ほど、環境破壊によるダメージを受けやすい。
Ⓐ開発により森の面積が減ると、最初にいなくなるのは、タカなどの大型動物である。
Ⓑ森の中央に道路を通すと、森はふたつに分断され、森全体が大きなダメージを受ける。

たとえば、アブラムシが大量に発生する場合、

①化学肥料を施しているために窒素分が多い。
②植物がその庭に適していない。
③風通しや日当たりが悪い。
④天敵が少ない。
⑤木が弱っている。

などの原因が考えられる。またこのどれかひとつだけでなく、いくつかの原因が複合している場合もあるだろう。もちろん、これ以外の理由もたくさんあるかもしれない。

木は、同じ種類でも、木の状態や生育場所の状態で寿命が違ってくる。ある木にとっては快適な場所でも、違う木にとっては生育しにくい環境かもしれない。どの木も健康でいっさいの病虫害にあわせないようにと考えるのは、すべての人間に病気をするなといっているのと同じことだ。人間の思惑や都合が通じないところが自然のおもしろさなのだから、時としてあきらめも必要になってくる。そうやって、枯れたり、病虫害で弱ったりをくり返しながら、だんだん自分の庭には何が適しているのかが見えてくる。

アブラムシが1本の木に大発生すると、テントウムシやクサカゲロウ、ヒラタアブ、クモなども発生する。だが、アブラムシがいない庭では、それらの虫もまた、姿を現わさないのである。ある意味、豊かな生態系を取り戻すためにアブラムシが大発生してくれているのかもしれない。

オーガニックの庭とは、1匹の虫も許さない「防除」という考え方ではなく、「害虫」もふくめて、いろいろな生きものと植物の共生をめざす庭ということだ。

健康な木であれば、虫が発生しただけで簡単に枯れたり弱ったりすることはない。木が弱る場合は、複数の原因が重なっていると考えられるので、あわてて農薬（殺虫剤・殺菌剤・除草剤などが農薬にふくまれる）を使うのではなく、しばらく観察してみよう。

また、虫だけに気を取られず、総合的に取り組むことも大切だ。

●剪定をしたり、花殻《はながら》を摘んだりして、風通しや日当たりをよくする。

●土づくりから取り組む。
●木を密植せず、ゆとりをもって植える。
●同じ種類の植物だけからなる単一な庭にしないで、多様性に富んだ庭づくりを心がける。
●むやみに新種や外来種に飛びつかず、日本の気候風土にあった在来種、または外来種でも日本に帰化してから歴史の長いものを植えるようにする。

　そのうえで使用するのがオーガニックスプレー（自然農薬）だが、オーガニックスプレーをまけば、すべてが解決するわけではないことをおぼえておこう。

　生態系について理解できると、自然界はほんとうに森羅万象が不思議であること、それぞれが網の目のように複雑にからみ合った関係性をもち、つながっていることのすごさを感じられるようになる。

column

住宅地における農薬使用について

　さて、みなさんは農林水産省から出ている「住宅地等における農薬使用について」という通知をご存じだろうか？　この通知の内容は「学校、公園、街路樹及び住宅地に近接する農地等において農薬を使用するときは、農薬の飛散を原因とする住民等の健康被害が生じないようにすることが必要」というものだ。そして、「害虫」が発生したからといって、いきなり化学的な農薬をまくのではなく、まずはよく観察して、ほんとうに「害虫」かどうかを見極め、物理的な防除（剪定や捕殺など）をするように。そのうえで、大発生などしていて、どうしても農薬を使用する場合は風の向きやまく時間帯に注意し、近隣へ農薬散布することの周知徹底などをしてから、できるだけ飛散防止に努めるようにという画期的なものだ。

　なお、ほぼ同じ内容のものを環境省も出している。今のところまだ通知であり、罰則はないが、簡単に農薬をまかない時代になりつつあることは確かだ。

　気軽に農薬散布している人や業者がいたら、ぜひこのことを教えてあげてはどうだろう。

　日本は農薬の規制については、先進諸国のなかでとくに遅れているように思う。市民団体や個人の努力だけでは、農薬の危険性は造園業界や一般市民まで広がらない。国による積極的な周知・対応が必要だ。

農林水産省HP

農林水産省：https://www.maff.go.jp/j/nouyaku/n_tekisei/jutakuti/

庭の虫たちから見る自然

虫が嫌いという人はたくさんいるが、はたして虫のことをどれぐらい知っているのだろうか？

虫たちも、人間を困らせようと食害したり吸汁したりしているわけではなく、生きていくうえで必要な活動をしているだけなのだが、人間から見ると「困った存在」になってしまうわけだ。そういう人間も地球から見れば、大気や水を汚して、生態系を壊してしまう「困った存在」ではないだろうか？

虫になったつもりで庭をながめてみよう。

ちょっとした雨も虫たちにとっては洪水、草むらはジャングルだ。人間がほんの少しと思って自然を壊すのは、小さな生きものたちには大きなダメージになる。

また、どんなにいやだと思う虫でも、生態系の一部であり、ほかの生きものの餌になって地球を支えている。

少しずつでも虫のことを知っていくことが、オーガニックガーデナーへの近道なのだ。

ある庭で、小さなフナムシのような、見るからに「害虫」のような気持ちの悪い虫が、木の幹にびっしりとついていた。殺してしまおうかとも思ったが、名前がわからないので思いとどまり、写真に撮って家でいろいろと調べてみた。すると、それは「オオチャタテ」というカビを食べる虫だった。

オオチャタテ

木に出ているカビを食べてくれるとしたら、この虫は「益虫」である。でも、木にカビが生えるということは、すでにその木が弱っている証拠なので、オオチャタテがカビを食べても、元気になるかどうかはわからない。

そう考えるとこの虫は、「害虫」でもなく「益虫」でもない、「ただの虫」かもしれない。だが、「ただの虫」だから無用なのかといえば、農家であり、思想家でもある「農と自然の研究所」（現在は任意団体）代表の宇根豊さんは、「ただの虫は、じつはただならぬ虫」といっている。「ただの虫」は、ほかのたくさんの生きものの餌になったり、植物の種子を運んだり、そのフンや死骸が土を豊かにしたり、生態系のなかでとても大切な役割をはたしている。

また、アブラムシやイモムシ、それに海のなかのプランクトンなどは、数が多いうえに、ほとんどが捕食者に対して防御や反撃をしない。数が多いのは、食べられることを前提にしているからだ。つまり、たくさんの卵を産む虫たち（その多くは「害虫」と呼ばれる）は、生態系を豊かに支える役目がある、ということかもしれない。

用語の解説

羽化《うか》…脱皮や変態を経て成虫になること。

越冬・冬越し…成長や活動を一時的に停止して冬を乗りきること。冬を過ごす形態は種類によって、卵、幼虫、蛹《さなぎ》、成虫とさまざまである。

外来種（移入種）…もともとは日本にいなかったが、人や物資などの移動とともに、または故意に国内に持ちこまれた生物のこと。

　たとえばアメリカシロヒトリは、第二次世界大戦以前は日本にいなかったが、占領軍の物資とともにアメリカから持ちこまれたと考えられている。敗戦の直前に米軍機からまかれた宣伝ビラにくっついていたという説もある。

　近年は、アフリカやオセアニア、南米産の植物が多く出まわり、小さな卵の状態で植物についてきた虫たちが検疫をかいくぐり、庭に進出する例もある。

　外来種によって引き起こされる問題として、在来種への圧迫や生態系への影響、交雑による遺伝子汚染などが懸念されている。


カムフラージュ（偽装・隠蔽《いんぺい》擬態《ぎたい》）…捕食者などから身を守るため、環境に身を溶けこませることをカムフラージュという。木の枝に偽装するシャクトリムシ（シャクガ類の幼虫）やエダナナフシ、樹皮に偽装するキノカワガなどが有名。またナミアゲハの幼虫（137ページ）のように、若齢《じゃくれい》・中齢《ちゅうれい》の時期は、鳥のフンに偽装する昆虫も多い。

完全変態と不完全変態…完全変態とは、幼虫から成虫に成長する段階に、蛹の時期のある昆虫を指す。また、幼虫の時期と成虫になったときの姿かたちや生活の仕方が大きく変化する。甲虫やチョウ、ハチなど。

不完全変態は、幼虫から成虫に成長する段階に、蛹の時期がない昆虫を指す。カゲロウやトンボのように、幼虫期に水中生活をおくる種類もいるが、幼虫と成虫の基本的な形に変化が少ない。カメムシやカマキリ、バッタなど。

寄生…生物がほかの生物の体内（内部）や体の表面（外部）に付着して生活し、それらの生物から栄養を得ること。寄生される側を宿主《しゅくしゅ》といい、宿主の体の外側に寄生することを外部寄生、内側に寄生することを内部寄生という。最終的に宿主を殺す捕食寄生もある。

口吻《こうふん》…チョウやガ、カメムシやセミなどがもつ口器のこと。

昆虫と虫…「昆虫」とは、体が頭部・胸部・腹部の3つの部分にわかれていて、胸部には3対6本の脚と2対4枚の翅《はね》をもつ、また頭部に1対の触角と複眼をもつ生きもののことをいう。

一方、「虫」という言葉には、昆虫だけでなく、エビやカニの仲間である甲殻類《こうかくるい》のダンゴムシ、鋏角類《きょうかくるい》であるクモ、有肺類《ゆうはいるい》と呼ばれる陸生の巻き貝の仲間のナメクジやカタツムリなどもふくまれる。江戸時代には昆虫だけでなく、人・獣・鳥・魚・貝以外のヘビやカエルなどの小動物に対しても「むし」という言葉が使われていた。

本書では、昆虫以外の小さな生きものたちや、両生類、爬《は》虫《ちゅう》類、鳥類なども大切な庭の生きものとして取り上げている。

在来種…従来、その地域で生活している生物種のこと。在来種は、長い時間をかけて生態系のなかで安定的な位置を占めてきたが、外来種によってその地位を脅かされている。在来種は、その地域の気候風土にあっているので、植物の場合は、食害する虫の天敵がいて生態系のバランスが保たれているため、病虫害が発生してもたいしたことにはならない。

蛹…完全変態昆虫では終齢《しゅうれい》になったあと蛹になるが、蛹とは「幼虫から成虫になるための一大変革を行なうために、活動を停止して体をつくり変える状態」とでもいおうか。蛹はほとんど動かず、休眠しているように見える。時期がくると蛹から出て、いよいよ成虫となるわけである。この動かない蛹のなかでは、幼虫の体を一度ドロドロに溶かして、運動器官や生殖器官など、成虫に必要な器官の準備をしている。

若齢幼虫と終齢幼虫…昆虫には、人間でいうところの年齢のようなものがある。卵から孵化《ふか》して最初は1齢幼虫と呼び、幼虫が脱皮して成長するごとに2齢、3齢、4齢と増えていく。蛹になる直前の幼虫を「終齢幼虫」と呼ぶ。終齢になるまでの「齢」の数は種類によって異なり、チョウでは5齢が終齢の場合が多いが、トンボには10齢以上もかかるものもいる。1齢や2齢などの若い幼虫のことを「若齢幼虫」ともいう。

宿主…寄生者（虫）が生育のために利用する生きもの。ホストともいう。寄生者と宿主との関係は微妙で、栄養を奪いすぎて宿主が死んでしまうと、寄生生物である自分たちも死ぬことになる。また多くの場合、寄生生物と宿主の組み合わせは種によってそれぞれ決まっている。

植物食（草食性）…植物を食べる仲間のこと。葉や茎、根、植物の汁などを食べるものを草食性という。

耐性（薬剤抵抗性）…化学合成農薬の散布をくり返すことにより、特定の虫に、今までの農薬が効かなくなってしまうこと。とくに「害虫」は世代交代が早く、薬剤への抵抗性を獲得しやすい。そうなると、より強い農薬が開発され、さらにそれに対して「害虫」たちが抵抗性をつけるという悪循環に陥ってしまう。

単為生殖…メスがオスと交尾（受精）せずに子どもを増やすこと。アブラムシやナナフシの一部で見られる。交尾する場合は有性生殖という。

動物食（肉食性）…ほかの昆虫や両生類、魚類などを食べたり、体液を吸ったりするもののこと。

二次寄生…寄生者にさらに寄生すること。

フェロモン…昆虫同士が情報を交換するために出す特別なにおいのこと。においといっても、人間には感じられないものが多い。オスやメスを呼び寄せるために出す性フェロモンは有名だが、そのほかにも敵がきたことを知らせる警報フェロモン、アリなどの道しるべフェロモン、交尾や越冬のために仲間の集合をうながす集合フェロモンなどがある。

孵化《ふか》…卵から幼虫が孵《かえ》ること。

ボーベリア菌類…いろいろな昆虫の体表上に付着・侵入し、体内で増殖して宿主を殺す菌のこと。菌に感染した昆虫は、白色や淡黄色のカビが生えて死亡する。在来のボーベリア菌のほかに、ゴマダラカミキリやキボシカミキリを殺す目的で「天敵」として導入されたものもある。

マミー…寄生された昆虫がミイラ状態となっていることをマミー（mummy）と呼ぶ。アブラムシのマミーはぷっくりと茶色に膨れる。

繭《まゆ》…幼虫が蛹化するさいに、外敵や環境から身を守るために糸を吐いてつくるシェルターのこと。カイコの繭などが有名。すべての蛹に繭があるとは限らない。

ミミクリー（擬態）…有毒生物や攻撃的な生物に色や模様、形態を似せて捕食者などから身を守ること。カムフラージュのように隠れて身を守るのとは対照的に、捕食者にとって危険な生物に似せて目立つことで身を守る。毒針をもつスズメバチに擬態するトラフカミキリやスカシバ（ガ）の仲間、体内に毒をもつジャコウアゲハに擬態するクロアゲハやオナガアゲハなどが有名。ほかにもテントウムシやアリ、ホタルに擬態する昆虫も多い。

虫こぶ…虫えい《ちゅう》、ゴール（gall）ともいう。昆虫や線虫などの生きものが芽・茎・葉などを食害することによって、植物の成分が変化し、細胞や組織が異常に増殖・増大した状態。なかには形や色が美しく、新種の植物のように見えるものもある。

虫の食害への対処法

大事にしている草花や木が虫にやられてしまった。

さあ、たいへん！

そんなとき、まず第一の対処法は、虫を捕殺すること。人間の手足はいちばんの道具だ。薬剤の名前に似せて、これを「テデトール」「アシデフーム」と呼ぶ人もいる。

また、虫になったつもりで庭を見れば、虫がどういうところを好むかがわかってくる。それを逆手にとって、卵を産みにくい、天敵に発見されやすい環境をつくろう。

土を健康にすること、庭の環境にあった植物を植えること、密植しないこと、なども日ごろから考えておきたい事柄である。もちろん、天敵をおぼえ、天敵を増やすことも重要だ。

対処法については、それぞれの虫のところでくわしく説明するが、ここでおおまかにまとめておこう。

●●虫の見つけ方

①植物の生長点、②葉の裏がわ、③フンのある場所、④食害されている葉の裏がわ、をよく見る。

column

虫を殺すということ

「害虫」を取りのぞいたはいいが、殺さないで庭に放ったままにしておく人がいる。それではまたすぐに目当ての草にやってきて、再び食害されてしまう。食害されるのがいやならば、きっちりと殺すところまでを行なうこと。

私たちはいろいろな生きものの命によって生かされている。食事をするということは、植物や動物の命をいただくこと。まったく殺生しないというのは、生きていくうえで無理な話だ。

また、農薬散布と違い、手や足など自分の体を使って殺す場合、つぶしたときの感触や生命を奪うことに罪悪感や不快感をもつことがあるかもしれない。だが、その感覚こそが大切で必要なのだと思う。そういう感覚をもたず、自分の手を汚さずに、大量に生きものを殺す方法である農薬は、生命に対する感覚を鈍らせてしまう。

●●虫を発見したら

①毒針毛をもつドクガ類は、細い枝ごと切ってビニール袋に入れて踏みつぶす。↓130ページ

②毒針毛をもたないイモムシ・ケムシは、割り箸やピンセットで取り、同じくビニール袋に入れて踏みつぶす。↓122ページ

③アブラムシは、ゴム手袋をした手でつぶす。

④カイガラムシ類は、古歯ブラシや竹べらのようなものでこそげ落とす。↓127ページ

⑤小さなハムシ類は、手でつぶす。

⑥大型のハムシ類やカミキリムシ成虫は、手で取りのぞいたあと、足で踏みつぶす。

⑦ハモグリバエや虫こぶなどは、葉をていねいに取りのぞく。

⑧カミキリムシの幼虫（テッポウムシ）など、木の幹のなかにいるものは、木くずの上部にある穴を見つけ、針金で刺す。そのあと、味噌を穴に塗りこんでおく。そのほかにも、草木灰《そうもくばい》と粘土と水をよく混ぜ、ペースト状にして虫に食われた穴に塗る。↓160ページ

⑨カリ分を中心にリン酸やミネラルがふくまれている草木灰をまくとチョウやガが卵を産みにこないし、オオニジュウヤホシテントウやナメクジが嫌う。↓36ページ

⑩コンパニオンプランツ（共生植物）を利用する。たとえば、ネギとリムシはカラシ菜と一緒に植えると抑制効果があるといわれている。↓39ページ

⑪完全変態の虫の場合、各成長段階で防除する方法がとれる。卵のうちに除去する、幼虫時代に取り去る、成虫を寄せつけない、などである。

●●虫がつかない環境を整える

⑫植物は、剪定をして風通しと日当たりをよくする。

⑬枯れた葉や腐った葉、咲き終わった花殻を摘みとる。

⑭天敵を増やす。

⑮庭のほかの場所へ移植してみる。

⑯雑草は根からぬかないで、バンカープランツ（おとり植物）として利用する。↓40ページ

●●有機農業・昔の人びとに学ぶ

⑰農業で行なわれていることなら庭でも応用できる。庭は、換金作物をつくる必要がなく、病虫害で植物が傷ん

だからといって生活に困ったり、誰かに対して責任をとる必要もない。オーガニックでやっていくには、意外に容易な場所といえる。また、農薬や化学肥料がこの世に出現する前から庭はあったのだ。昔の人びとは植物や虫をよく観察し、自然の力を利用して庭とつきあってきた。先人の知恵に学ぶことは多い。

●オーガニックスプレー（自然農薬）を使う

⑱それでも対処できない場合や、オーガニックに転換中で、ゆり戻しのために虫が大量発生してしまう場合などは、オーガニックスプレーをまく。

だが、オーガニックスプレーは化学合成農薬の代替品ではない。おぼえておいてほしいのは、オーガニックスプレーをまけば、すべてが解決するわけではない、ということだ。総合的な方法で環境づくりをしたうえで、それでも大発生した場合や、今まで農薬や化学肥料を使っていた庭からオーガニックガーデンに転換中の場合など、限られたときに試してみるようにしたい。

というのも、オーガニックスプレーは、アブラムシを食べてくれるテントウムシやクサカゲロウなどの天敵も寄りつきにくくしてしまうからだ。

園芸資材コーナーで、「天然成分からできていて安心」と謳っている殺虫剤なども多く見受けられるが、主成分が天然の忌避剤であっても、化学系や石油系の溶剤や添加物を使っているものもあり、なかにはそちらのほうが殺虫効果成分よりも危険な場合がある。

オーガニックスプレー（自然農薬）のつくり方・使い方

市販の農薬にたよらないで、台所にある食材や石けん、昔から使われている木酢液などでオーガニックスプレー（自然農薬）を手づくりしてみよう。自分でつくることによって、化学的な添加剤や防腐剤をふくまない、安全で安心な防除剤を手に入れることができる。

私たちは、木酢液、ニンニク、トウガラシ、石けんなどの自然素材でつくった自然農薬を総称してオーガニックスプレーと呼んでいる。

基本的には虫の嫌いな成分やにおいによって虫を遠ざけるものだが、殺菌・殺虫効果のあるものもある。

ほとんどのオーガニックスプレーは3〜7日ぐらいしか効果が持続しないので、こまめに散布する必要がある。また濃いものを1回まくだけよりも薄いものをこまめにまいたほうが効果が出やすい。

注意したいのは、オーガニックスプレーが、食害する虫だけに効き目があるわけではないことだ。散布すれば、当然天敵系の虫たちも寄りつきにくくなる。天敵を追い払わないためにも、庭じゅうに不用意にオーガニックスプレーをまくのは避けたい。散布する場合は、発生している植物にだけまくようにして、天敵たちの逃げる場所を残しておこう。まず酢を薄めたものを散布して天敵たちを避難させ、2〜3日してからオーガニックスプレーをまくという方法もある。

その地域の特性や気候などによっても効き目などはさまざまなので、状況によって、自分なりの創意工夫でいろいろと試してみてほしい。それこそが、庭を楽しむ醍醐味だ。

なお、農薬は「農薬取締法」で規制されていて、天然のものでも農薬にあたるものがある（2025年現在では重曹、酢、テントウムシなどの天敵）。法律では、農薬取締法に登録されているもの以外は販売してはいけないことになっている。これは防除業者や農家、造園業者などに限らず、個人であってもすべての人に適用される。しかし、民間療法の薬などと同じく、自己責任のもとに木酢液、石けん、ニンニクなどを使用するかぎりは、法律上問題はない。だが、病名や虫名をあげ、「○○に効果がある」などといって販売することは禁止されている。

つまり、オーガニックスプレーは自分でつくるものであり、売ったり買ったりするものではない。材料から工程まですべて自分で把握して、自分の責任でつくるのは、逆に安心・安全だ。

オーガニックスプレーをつくる前に

まず大切なのは材料選びだ。

オーガニックスプレーは自然由来の材料を使うので、虫たちが「耐性（化学物質などに対する抵抗性）」を獲得することはない。漬けこむ木酢液はできるだけ良質のものを選ぶこと。ニンニク、ドクダミ、トウガラシは、無農薬のものを使用することなどが重要だ。無農薬有機栽培の材料でつくった自然農薬は、化学合成農薬と化学肥料で栽培された材料でつくったものよりも、効き目のパワーが数段違うといわれている。

また、どんなものも、原液を水で薄めたらその日のうちに使いきること。よい効果を得るためには鮮度も大切だ。

ニンニク木酢液

ニンニク、ドクダミ、トウガラシをきざみ、木酢液に漬けこんだもの。使うときは、濾《こ》して水で薄めて使う。虫の忌避、殺菌効果がある。

ニンニク木酢液
How to make & use ?

材料

ニンニク　10g
トウガラシ（種は取りのぞく）　10g
ドクダミ（葉と茎）　30g
木酢液　200cc

作り方 / 使い方

①ニンニクは皮をむいてなるべく細かくきざむ。
②トウガラシは5mm幅くらいにきざむ。
③ドクダミは葉と茎を摘んでよく洗い、乾燥させてから5mm幅くらいにきざむ。
④以上の材料を木酢液に漬けこみ、3カ月くらい寝かす。
⑤使うときは濾してから水で薄め、2週間から20日間ぐらいの間をあけて、スプレーや噴霧器で散布する。最初は1000倍くらいから始めて、徐々に濃くしていく。500倍よりも濃くすると、薬害の心配がある。濃ければ効くというものではないことに注意。
⑥使用後の器具はよく水洗いして、液剤を残しておかない。

庭木には500倍（花の咲く時期には700〜1000倍）、ウイルスや菌には300倍、野菜には1000倍（限度は500倍）に希釈して使用する。漬けこんでから2週間くらい経ったら使いはじめてよい。

ニンニクごま油剤

石けん液（合成界面活性剤をふくまないものを使う）にニンニクとごま油を加えたもの。使うときは濾して水で薄めて使う。市販のマシン油乳剤と同じように使うことができる。2月にまいて、卵で越冬する虫の孵化を抑える。アブラムシやカイガラムシの発生時期にも効果がある。

コンポストティー

●どんなもの？

生ごみからつくられた堆肥を、水に漬けこんでつくった液体をコンポストティーという。

生ごみ堆肥からつくるというと、においを気にする人がいるかもしれないが、においはほとんどない。強いていえばかすかに土のにおいがするくらいだ。

コンポストティーには、特定の有用菌だけではなく、良いも悪いもふくめてさまざまな菌がバランスを保ちながらいる。多様な菌がいれば、特定の病原菌がはびこることは難しい。

ニンニクごま油剤 How to make & use ?

材料

ニンニク　80g
ごま油　小さじ2
粉石けん　10g（または液体石けん30cc）
水　1ℓ

作り方／使い方

①ニンニクは皮をむいてなるべく細かくきざむ。
②きざんだニンニクをごま油に24時間漬けておく。
③石けんを水によく溶かして石けん液をつくり、②のニンニクごま油を加えてよく混ぜる。
④ガーゼで濾して、漏斗《ろうと》などでガラス瓶に入れ、4〜5日置く。
⑤使うときは100倍に薄め、もう一度ガーゼで濾してから、スプレーや噴霧器で散布する。
＊使用後の容器はよく水洗いして、液剤を残しておかない。
＊石けん液は展着剤の役目をする。
＊保存のためのガラス瓶は、色のついた口の狭い酒瓶などがよい。

何に対してまくときでも、水で100倍に薄めて使う。保存期間は約3カ月。

●●どういうときに使う？

病原菌の予防に効果を発揮する。

芝の病気（ブラウンパッチなど）に、２週間おきに散布し、抑えこむことができた。また、ウドンコ病の抑制にも効果があった。散布間隔や回数に決まりはなく、あくまでも目安であり、試行錯誤して自分の庭にあった方法を決めていく。

●●材料（生ごみ堆肥）について

素性がわかっている堆肥が手に入ればいいが、できれば自家製の生ごみ堆肥からつくるのがいちばん安心だ。

食べものの世界ではよく「地産地消」といわれるが、菌も同じこと。「循環」ということを考えると、その庭にいちばん適している微生物からつくるコンポストティーが、いちばん理にかなっているといえるだろう。

生ごみ堆肥を自分の家でつくる場合は、食べものを通して「オーガニックとは何か」を考えるよいチャンスだ。いくら自家製の堆肥でも、日ごろ、農薬まみれ、化学添加物だらけのものを食べていたのでは、それらがみんな堆肥のなかに入ってしまう。せっかく自家製の堆肥をつくるのであれば、食べものもできるだけ安全なものを手に入れるようにしたい。

●●そのほかの注意点

コンポストティーを使用するためには、日ごろから雨水をためておこう。雨水が１００パーセント安全というわけではないが、水道水には塩素やアルミニウムが使われているので、コンポストティー内の微生物への影響が心配だ。

●●つくり方

①生ごみコンポスト容器*を使ってつくった完熟の堆肥１リットルを布袋に入れて、水を張った10リットルのバケツに入れて蓋をし、１週間漬けこんで原液をつくる。

②原液を水で10倍に薄め、合成界面活性剤をふくまない液体石けんを1滴だけ入れる。

③②を、棒で左右に同じ回数だけまぜる。なるべく多くまぜるとよいが、大変なので、最低でも右30回、左30回はかきまぜてほしい。

*台所から出た生ごみを堆肥化させるための容器。底がなく、地面に直接置く。

●●保存の方法・期間

保存についてのデータはないので、できるだけ早く使うことが望ましい。原液を薄めたものは、その日のうちに使いきる。

●●散布の仕方

夕方、日が沈むころ、噴霧器に入れて葉面散布（幹や枝にも）をする。芝の病気にまくときは、じょうろに入れてまいてもよい。

酢

25～50倍ぐらいの水で薄めて散布する。酢はオーガニックスプレーとしての効力は薄く、どちらかというと、オーガニックスプレーをまく前に、天敵を避難させるために散布する。食害する虫たちは天敵よりも早く庭に戻ってくるため、酢を散布して2～3日たってから、本命のオーガニックスプレーを散布する。

草木灰

落ち葉や木の枝を燃やした灰である草木灰《そうもくばい》は、土壌改良材としても、自然農薬としても使える。

大きめの缶などのなかで、雑草を乾かしたもの、木の小枝などを燃やしてつくるが、あまり高温で燃やさないことがポイントだ。そのためには次から次へと雑草や木を缶のなかに放りこまず、ゆっくりと低温で燃やす。

使うときは、朝露の残っている午前10時ごろまでに、朝露をふり払わずに葉に散布する。ガーゼに包んでたたくようにまくと、均等にまける（151ページ参照）。

葉が丈夫になり、その結果、植物全体が元気になる。灰のアクやにおいを嫌って虫が寄りつきにくくなり、卵も産みたくないようで、イモムシやケムシも減る。

土にまいておくと、ナメクジやヨトウムシがいやがり、葉面散布するとハムシやオオニジュウヤホシテントウなどの食害する甲虫が寄りつきにくくなる。

海藻エキス

アラメかヒジキふたつかみを1リットルの水に入れ、沸騰したら火を止めてそのまま冷ます。味つけはしない。

完全に冷めてから、煮汁をアブラムシの被害が出ている木の根元にぐるりとまくと、アリが寄ってこれなくなり、ボディーガードを失ったアブラムシは、いろいろな天敵に食べられてしまう。

　また、家のなかにアリが侵入してきたときにも、この煮汁を綿にふくませて要所要所に置いておくと、フェロモンでコミュニケーションしているアリは撹乱され、フラフラになる。この方法を試した友人によると、死んだアリもいたという。

スギナスプレー

　スギナスプレーは、菌類の病気、とくにウドンコ病に効果がある。予防としても使える。
①3日ほど陰干しして乾燥させたスギナ10グラムを2リットルの水に入れ、20分間煮る。
②冷めたら8リットルの水を入れ、10分間よくかきまぜる。このとき右と左に同じ回数回して渦をつくる。
③スギナを濾して、夕方、病気の木の根元、幹や枝・葉にも散布する。
④3日間連続してまく。

　原液は、冷蔵庫で約1週間保存できるが、水で薄めたものはすぐに使いきる。

アセビスプレー

　水1・8リットルにアセビの葉（花も一緒だとなおよい）を片手にひと握り入れ、5分ほど沸騰させる。冷めたら粉石けん10グラムを溶かし入れ、布で濾す。これに、ニンニクごま油剤を加えるとさらに強力で、サンゴジュハムシの成虫にも効果がある。

アセビの花

コーヒー

　ダニやアブラムシの防除や病気予防に。冷ましてから薄めないでそのまま散布する。インスタントでもよい。

ドクダミのマルチ

マルチとは土壌を覆うもののこと。ドクダミを地ぎわで切り、植物のまわりに置いておくと、虫の食害の予防になる。枯れると効果がなくなるので、つねに新しいものを置いておく必要がある。ドクダミが増えて困っている人は雑草とりもかねて試してみよう。

使用をやめたいニコチンスプレー

タバコの吸い殻を水につけて抽出液をつくり、スプレーにしてまく人もいるが、タバコには多くの農薬が使われているので使わないようにしたい。

植物を使った対処法

雑草

オーガニックスプレーではないが、味方につけたいものに、雑草がある。

雑草で土地をカバーしておくと、雑草の花や葉に虫が分散するので、大切にしたい植物だけが攻撃されることは少なくなる。

この場合の「カバー」とは、雑草をぬいて地面に置いておくという意味ではなく、雑草をぬかずに生やしておくという意味である。刈ったりぬいたりした雑草を利用する場合は、樹木の根元が乾かないようにマルチとして敷くとよい。

偏食タイプではないナメクジは、雑草が生えていれば、わざわざ高いところや遠くまで食害に行かなくてもよく、手近な雑草ですませてくれる。ナメクジもなるべくむだなエネルギーは使いたくないのだ。

そうはいっても、庭の場合、雑草がぼうぼうに茂っていると見栄えが悪いので、ある高さのところで刈りそろえておく。オススメは5センチ。昔の田んぼの畦は、そういう感じだった。

グランドカバーは、芝だけではない。むしろ単一の芝よりも、多種多様な雑草が生えているほうが、ある特定の虫が大発生したり病気になったりすることを防げる。
そして、刈りとった雑草はよく乾かして草木灰にするとよい。雑草は、なんてありがたい存在だろうか。

コンパニオンプランツ（共生植物）

コンパニオンプランツは、メカニズムがまだ完全には解明されておらず、その土地の環境や地力、植物との相性などがいろいろあるので、思いどおりの結果が出ない場合もある。でも、環境に悪影響を与えたり、「害虫」に薬剤抵抗性がついたりしない安全な方法なので、積極的に試してみたい。

友人が、キュウリの根元にバジルを植えたら、ウリハムシがフラフラになってどこかへ行ってしまったそうだ。

そのほかにも、ニンジンやキャベツのそばにローズマリーを植えておくと生育を促進したり、ニンニクやニラ、ラッキョウを植えると、アブラムシよけにもなる。

ただし、競合を避けて、あえて香りの強いハーブ類を食草にする虫もいる。

column

変わった食性の虫

ハーブは野菜や花を守るコンパニオンプランツとして使える。しかしそれを食べる珍しい虫もいて……。

ハーブは香りの強いものが多く、病虫害に強いというイメージがあるが、だからこそ競争相手の少ないハーブを好んで食べる虫もいる。それがベニフキノメイガの幼虫だ。シソ科植物のラベンダー、ローズマリー、タイム、ミント、セージ、レモンバーム、オレガノ、バジルなど、さすが私に「ハーブ食い」と呼ばれるだけのことはある。クモの糸のようなものを出して、見つかりにくいように体を隠しているので、よく糸をほぐして、見つけ出す。出現は6～7月ごろ。天敵はハチ、クモ、カマキリなど。

タイム

ローズマリー

バンカープランツ（おとり植物）

天敵を庭に呼びこむためには、その餌となる生きものがいないといけない。たとえばテントウムシにきてほしいのなら、餌となるアブラムシの存在が必要だ。だが、大事にしている樹木や草花に、アブラムシがつくのはいやだ。そんなときにヨモギなどを庭に生やしておくと、ヨモギ好きなアブラムシが発生してくれる。テントウムシは、どんなアブラムシでも食べるので、ヨモギ以外の樹木や草花につくアブラムシも食べてくれる。

つまり、バンカープランツとは、天敵の餌になる虫を呼びこむためのおとりの植物、とでもいおうか。

雑草が生えていることで、天敵を呼びこみ、特定の植物を食害する虫たちは大発生することができなくなる。

バンカープランツという名前は、「バンク（BANK）＝お金を貯める」という意味から転じて、天敵を貯えるという意味からつけられた。

わが家でも、プランターに植えた青ジソはいつも丸坊主にされてしまうのに、こぼれ種子で庭の片隅に雑草にまじって生えている青ジソは、すくすく育っている。

有機農家のなかには、畑のまわりに背の高い植物を「障壁作物」として植え、主になる作物への食害を減らしている人もいる。これなどもバンカープランツと同じ考え方といえるだろう。

バンカープランツとしてのヨモギ

虫編

庭でよく見る虫を中心に、発生する場所、時期、
何を食べるのか、対処法などを紹介しました。
庭木や草花に虫がいてもあわてずに、
まずはどんな虫かを知ってください。
姿かたちにぎょっとしても、
せっせとアブラムシを食べてくれる
けなげなヤツかもしれませんよ。

虫を食べる虫 土をつくる虫

肉食の虫たちは、食害する虫を捕食して私たち人間を力強くサポートしてくれる。彼らがいれば、農薬を使わなくても大丈夫。ダンゴムシやミミズやアリは、枯れ葉や生物の死骸などを食べて土に還してくれる。土が豊かになれば、化学肥料も必要ない。庭を元気にしてくれる多様な虫たちのことを知ろう。

ナミテントウ

場所　木や草花などあらゆる植物（アブラムシのいるところ）
時期　3〜11月（8月は減少）
食物　アブラムシ（成虫、幼虫とも）

テントウムシのなかでも、もっともよく見かけるのはナミテントウ。「ナミ」と名前につくのは、それぐらい「並みにいる」ということだ。

ナミテントウの基本は黒地にふたつの紋《もん》だが、色や模様は多岐にわたり、これがすべて同じ種かと思うくらい、バリエーションに富んでいる。

ナナホシテントウが草花を好むのにくらべ、ナミテントウはよく高い樹木などにもいる。科学的検証がされているかどうかはわからないが、私たちの観察によると、飛翔力の違いで食べもの（アブラムシ）を奪い合わないようにすみわけているのかな？と思う。

ナミテントウは春先から冬眠するまで、アブラムシを

ナミテントウの模様はさまざま（大きさ7〜8 mm）

せっせと食べて大活躍。

成虫のまま越冬するので、冬に日当たりのよい軒下の壁に集団でいるところを見かけることもある。知り合いが、秋に蚊柱ならぬテントウムシ柱というか、大量のナミテントウが、どこかへ飛び去るのを見たという。越冬のために森へでも出かけたのだろうか？

ナミテントウは、1回の産卵で10〜40個ぐらいの卵を産むが、ときには40〜50個産むこともあり、それを何回もくり返すのだから、多産である。

孵化《ふか》すると、まず自分がかぶっていた卵の殻を食べる。それから共食いをして、力をつけたものがアブラムシのところまで移動し、食事を始める。

幼虫でいる期間は2〜4週間。幼虫は脱皮を3回行ない、4齢幼虫になったあと蛹《さなぎ》となる。蛹となって1週間後、いよいよ羽化《うか》。最初は黄色一色で、お気に入りの場所で翅《はね》を乾かすとだんだん模様が浮き上がってくる。

ナミテントウに限らずテントウムシの幼虫は、成虫とは似ても似つかない。それもどちらかというと「気持ち悪い」と感じる人が多いような姿なので、「害虫」と間違われやすい。まだ翅がないため、その場にとどまって、4齢（終齢）幼虫は1日に約20匹のアブラムシを食べるといわれている。

「アブラムシが大発生」を参照→123ページ

●成長の過程

卵から産まれたばかりの幼虫
ナミテントウは1回に10〜40個ぐらいの卵を産む。卵は2〜3日で孵化し、まず、自分がかぶっていた卵の殻を食べる。その後、共食いをして強いものが数匹生き残り、アブラムシを食べはじめる。

だいぶ成長した（4齢幼虫）
ナミテントウの幼虫はナナホシテントウとは模様が異なり、両脇に細長く赤が入る。トゲトゲした姿なので、「害虫」と間違われやすいが、まだ翅ができていないので飛ぶことができず、同じ場所にとどまって精力的にアブラムシを食べてくれる。幼虫の期間は2 〜 4週間といわれている。3回脱皮し、4齢幼虫（もう脱皮しないので「終齢幼虫」ともいう）まで成長する。

蛹
昆虫には完全変態と不完全変態があり、テントウムシは完全変態。蛹の状態は約1週間。蛹も「気持ち悪い」と嫌われるが、羽化した成虫が、この場所でまた卵を産む確率も高い。

羽化後
最初は薄い黄色で、ぬれた翅を乾かしている。これからいろいろな模様が出てくる。どんな虫でも羽化のときは感動もの！

ナナホシテントウ

場所　アブラムシのいるところ。草花などを好む
時期　3~11月(7~8月は減少)
食物　おもにアブラムシ(幼虫、成虫とも)。カイガラムシ

ナナホシテントウは、テントウムシのなかでもっとも愛されている存在かもしれない。いろいろなキャラクターグッズにもなっているし、絵本やアニメなどでも擬人化されたりする。

ところが、案外庭の木には少ない。草地性で草花を好むからだろうか、それとも数が減っているのだろうか。そのうち、ナナホシテントウがレッドデータブック*に載ってしまう、などということがないようにしたいものだ。

ナナホシテントウは成虫で越冬するのだが、新芽を吸汁するアブラムシが真夏にはいなくなってしまうので、じつは夏眠《かみん》もする。

植物は4月ごろから6月ごろに生長期を迎え、新芽がのびてくる。7~8月の暑い盛りは植物も一休み。そして秋になると、春ほどではないにしてもまた少しのびる。だから、アブラムシも春と秋が活躍時。アブラムシのいない真夏には、ナナホシテントウも省エネモードに入るらしい。

*絶滅のおそれのある野生生物の様子をまとめた資料。危険な様子がわかるように赤い色の紙を使ったことから、レッドデータと呼ばれる。１９６６年、ＩＵＣＮ（国際自然保護連合）が赤い表紙の「レッドデータブック」を発行。日本では１９９１年、環境庁（現・環境省）が「日本の絶滅のおそれのある野生生物」というレッドデータブックをまとめた。

幼虫
背中に数個のオレンジ色の点があるのが特徴。

成虫
約8mm。夏眠し涼しくなると活動再開。成虫で越冬。

飛翔寸前
赤い翅の下から黒く薄い翅を出して飛ぶ。

産卵
産卵場所はあまり選ばず、木材にも産んでしまう。

シマサシガメ（13〜16mm）に襲われるナミテントウ

サシガメは肉食性のカメムシで、好物は甲虫たちなので、テントウムシだけでなく、ふだんはハムシなども食べてくれる。

テントウムシヤドリコマユバチ

テントウムシにもいろいろな天敵がいて、寄生バチもその一種。寄生バチの幼虫がテントウムシの体外に出て黄色いマユをつくる。

column

テントウムシの作戦

テントウムシにそっくり

両方とも草食性。

日向を好むことから、ついた名前が「天道虫」。掌に載せたときに、くさくて黄色い液体を出されたことはないだろうか。これは、アブラムシのボディーガードをしているアリやほかの天敵から身を守るためのもの。鳥は記憶力も目もよいので、一度これで懲りると、次からは襲わないようになる。

自分を食べるとまずい！

ということをおぼえさせるために、赤と黒の警告色を使った派手な模様をしている。だからテントウムシに似せている虫たちもけっこう多い。これをミミクリー（擬態）と呼ぶ。

ムーアシロホシテントウ

場所　ウドンコ病にかかっている木
時期　4〜10月
食物　ウドンコ病菌（幼虫、成虫とも）

テントウムシの仲間には、アブラムシやカイガラムシを食べる種類のほかに、なんとウドンコ病の菌を食べるものがいる。

白い14個の紋があるムーアシロホシテントウは、美しくかわいい姿に似あわず、ウドンコ病の菌が大発生している草や木で、菌をせっせと食べてくれる。

成虫
4mm。ウドンコ病の菌を食べる菌食のテントウムシ。

脱皮殻を食べるムーアシロホシテントウ

サルスベリの木
ウドンコ病にかかりやすい落葉樹のひとつ。

キイロテントウ

場所 ウドンコ病にかかっている木
時期 4～10月
食物 ウドンコ病菌（幼虫、成虫とも）

キイロテントウもウドンコ病が大好き。サルスベリ、マサキ、カシ類、ハナミズキなどでウドンコ病になっている木があったら、よく見てほしい。

とても小さなテントウムシなので、なかなか気づかないが、ウドンコ病が発生している木の葉をよく観察すると見つかる。

キイロテントウはけっして希少種ではなく、ごくふつうに都会の庭にもいる。無農薬で庭を管理しているとたくさんやってくる。

卵

幼虫

蛹

成虫

キイロテントウもウドンコ病菌を食べてくれる。庭仕事をしていると、シロホシテントウよりもよく見かける。ウドンコ病の葉の上を歩きまわっているが、とても小さいので見落とすことも多い。

column

ウドンコ病

いろいろな樹種がウドンコ病になるが、なかでもマサキ、サルスベリ、カシ類などはウドンコ病になりやすい。

また、ホトケノザなどの雑草もウドンコ病になるが、雑草のウドンコ病が近くの木にうつることはほとんどない。

ウドンコ病菌にもいろいろな種類があり、好みの樹種があるようだ。つまり、ひとつの菌がすべてのウドンコ病を発生させているわけではない。

ウドンコ病の拡大写真
熟してくるとだんだん黒くなる。成熟した黒い球が約0.4mm。
写真提供／伊沢正名

ウドンコ病になっているホトケノザ

クモガタテントウ

場所　庭や畑など
時期　5～10月
食物　ウドンコ病菌
天敵　捕食性のカメムシ類やアリ類、寄生バエなど

北米から移入してきたモダンな模様のテントウムシ。大きさは約2ミリと小さい。1984年に東京都大田区の東京港付近で発見された。どこまでも都会的でスタイリッシュなテントウムシ。ウドンコ病菌を食べる。5～10月に出現。今のところ、そこまで大発生している感じはしないが、外来種なので注意が必要。

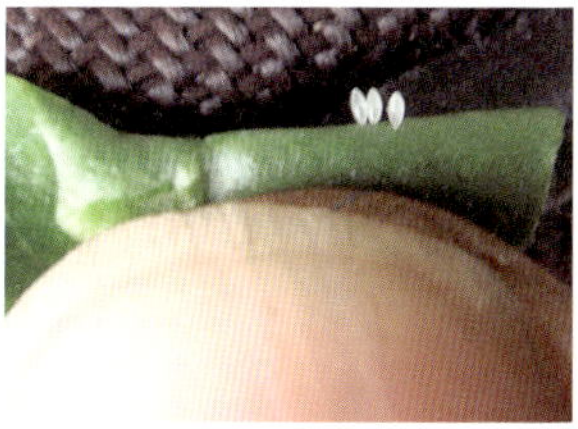

クモガタテントウの卵

クモガタテントウ成虫
少しずつ勢力を拡大していて、キイロテントウやシロホシテントウ類との生息地争いで優勢になるのではないかと心配だ。

column

擬態

ハイイロセダカモクメ（35mm前後、9〜10月に発生） 写真提供／松田貴子

擬態にはふたつの方法がある。ひとつは標識的擬態。これは目立たせるようにすることで、ハチに似た色使いの虫や、鳥にとって臭い黄色い汁を出すテントウムシに似た色の甲虫だったり、または形を似せるアリグモなどもいる。

もうひとつは隠蔽的擬態と言って、すなわち目立たなくするもの。代表的なものは木の枝にそっくりなシャクガ類の幼虫（シャクトリムシ）など。海外のハナカマキリは、花のような香りまで放出することができるそうだ。

捕食者にねらわれる虫たちは、できるだけ相手の目を欺いて生き延びるために進化した。

私たちがいちばん驚いた隠蔽的擬態はヨモギの花にそっくりなイモムシ、「ハイイロセダカモクメ」。じつは私たちも実物を見たことがなく、図鑑で見て以来、夢にまで出てくる憧れのイモムシなのだ。ヨモギはそこらじゅうに生えているのに、そもそも花を見たことがなかった。そういえば、ヨモギを食するのは出たてのころだし、ヨモギオイルづくりも5月ごろまで。秋に花の咲くころには、もうヨモギに関心が向かなくなっていたのだと気づいた。そんなハイイロセダカモクメの写真を、自然観察指導員の松田貴子さんからお借りすることができた。これはもう……花でしょ！　というしかないほど見事な隠蔽的擬態。みなさんは、どこにハイイロセダカモクメがいるか、わかりますか？　これでは、ますますホンモノが見たくなってしまう。これからは秋のヨモギもよく見なくっちゃ！

コクロヒメテントウ

場所 柑橘類などの果樹類、コスモスなどの草花
時期 5～10月
食物 アブラムシ（幼虫、成虫とも）
コナカイガラムシによく似ている

幼虫は、コナカイガラムシの仲間のように見える。しかし、コナカイガラムシは動きが鈍いのに対し、コクロヒメテントウはかなりすばやく動くこと、アブラムシが発生しているところにいることで、簡単に見わけることができる。

幼虫はカイガラムシに擬態して、ロウ物質で体を覆っているが、ロウ物質を取りのぞくと、本体はやはりテントウムシの幼虫だ。

なぜカイガラムシの真似をしているのだろうか。

じつは、アリはカイガラムシとも共生関係があり、カイガラムシは甘い汁（甘露）を出してアリに与え、ボディーガードをしてもらっている。そのカイガラムシに似せることで、アリの攻撃をかわしていると考えられる。

成虫は黒いとても小さなテントウムシ。

コクロヒメテントウはあまり知られていないらしく、いろいろなテントウムシが載っている図鑑にさえなかなか出ていない。だから、多くの人はカイガラムシと間違えて農薬をかけたり、つぶしてしまっている可能性が高い。

けっして特別にめずらしい種類ではなく、庭を無農薬にすると徐々に増えてくる。おもに草花に多い。

幼虫
終齢幼虫で約5mm。
外見は「害虫」に見えるが、じつはアブラムシを食べる。

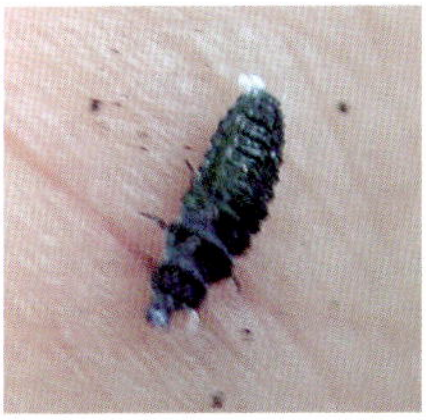

ロウ物質を取りのぞいたコクロヒメテントウの幼虫

アブラムシを食べるコクロヒメテントウの幼虫

成虫

ヒメカメノコテントウ

場所　アブラムシのいるところ
時期　3～11月（8月は減少）
食物　おもにアブラムシ（幼虫、成虫とも）
亀甲状の紋が特徴

小型で体長は3～4ミリぐらいしかない。しかもすばしこい。ナミテントウほどアブラムシを食べないようだが、ほかのテントウムシとくらべて移動範囲が広いので、アブラムシのいるところを探して移動する。

幼虫

ヒメカメノコテントウ
基本型　成虫
5mm。行動範囲が広く、アブラムシを探して移動する。

ヒメカメノコテントウ
色彩変異
5mm。同じ種類でも、色が違うことを色彩変異という。

ダンダラテントウ黒地型
成虫
4mm。ヒメカメノコテントウと種は異なるが、これもアブラムシを食べる小型のテントウムシ。斑紋の入り方には、地域差や個体差がある。

ベダリアテントウ

場所 柑橘類はじめいろいろな樹木
時期 4〜10月
食物 イセリアカイガラムシ(幼虫、成虫とも)

1911年、柑橘類につくイセリアカイガラムシの天敵資材として柑橘類を栽培する農園などに導入された。近年では野生化し、公園や庭先などでもときどき見られる。柑橘類だけではなく、イセリアカイガラムシがいる植物であれば、食べにやってくる。

卵

成虫
4mm。イセリアカイガラムシを食べる。

イセリアカイガラムシ

オオニジュウヤホシテントウ

場所 ナス科植物(ジャガイモ、ナス、トマトなど)
時期 4〜10月
食物 ナス科植物の葉や実(幼虫、成虫とも)
天敵 カマキリ、ハチ、鳥

テントウムシの仲間は、アブラムシやカイガラムシを食べたり、菌を食べたりするものがほとんどなのだが、葉を食べるベジタリアンの種類もいる。その代表的なものがオオニジュウヤホシテントウで、年に2〜3回も発生し、ナス科の植物を食害する。それも、大規模な畑より、小規模な市民菜園や庭先の家庭菜園のようなところを好んで発生するからやっかいだ。ジャガイモ、ナス、トマトなどは、かなりの確率でこれらに食害される。ということは、庭で家庭菜園をしていない人は、あまり見ることのない虫かもしれない。

肉食性テントウムシとの区別は、甲のツヤ。ベジタリアンたちは光り輝くようなツヤがなく、なんとなくどんよりビロードがかっている。また、動きはかなり鈍く、動きまわらないで1カ所で食害している。

　オオニジュウヤホシテントウは北海道から九州まで広く分布し、関東以南では比較的高地に分布している。

　また、関東から中京にかけてはルイヨウマダラテントウ東京西郊《せいこう》型という、オオニジュウヤホシテントウそっくりのテントウもいる。オオニジュウヤホシテントウの甲の黒い紋が真ん中でくっついていないのに対し、ルイヨウマダラテントウ東京西郊型はくっついている。私たちの住む埼玉県西部にはルイヨウマダラテントウ東京西郊型しかいない。この種も、食べるものはやはりナス科の植物で大きさもほぼオオニジュウヤホシテントウと同じ。

　オオニジュウヤホシテントウよりも一回り小さいニジュウヤホシテントウ（6〜7ミリ）もいて、関東以南の平地に分布している。

　ほかにもベジタリアンのテントウムシというとトホシテントウがいる（発生時期：5〜9月、大きさ：6〜9ミリ）。トホシテントウはアマチャヅルやカラスウリなどのカラスウリ類の葉を食べるので、よほどうっそうとした庭でなければ、あまり見かけないと思う。

ルイヨウマダラテントウ東京西郊型
ルイヨウマダラテントウは背中の大きい黒い紋がくっついているが、オオニジュウヤホシテントウは離れている。

トホシテントウ
8mm。カラスウリ類の葉を食害する。

イヌホオズキ類
オオニジュウヤホシテントウやルイヨウマダラテントウの食草のひとつ。

対処法

●肉食性のテントウムシにくらべると動きが鈍く、指でつまんでも飛ぶ気配すら見せないから、すぐにつかまえられる。つかまえたら、足で踏みつぶす。

●地域によって最盛期は異なるが、関東のあたりでいうと6〜7月がもっとも多く、朝と夕方の2回のパトロールが欠かせない。成虫が目立つので、ついついそちらにばかり気を取られるが、葉の裏にいる幼虫にもご用心！

●朝露の残っているうちに、草木灰を葉に薄くまく。夕方には700〜1000倍に薄めたニンニク木酢液を頻繁にまく。しばらく散布しても効果がないようなら、ほかのオーガニックスプレーを試してみよう。

●焼酎にトウガラシを漬けこんだものを薄めて使ったり、アセビスプレーをまいても効果がある。

column

ルイヨウマダラテントウ東京西郊型

わが家の小さな畑からでもそれなりの収穫がある。

しかし、ナスやトマトにルイヨウマダラテントウ東京西郊型が大量に発生して、葉っぱはまだしも、せっかくできかけたナスの実をかじってしまうのには、まいった。

この甲虫は、今までオオニジュウヤホシテントウだとばかり思っていたが、「私たちの住む地域にはオオニジュウヤホシテントウはいない。おそらくルイヨウマダラテントウ東京西郊型」と、「じゅげむ」みたいな名前を教えてくれた人がいる。

とはいっても、このふたつの虫の違いは、黒い紋が背中の中央でくっついているかいないかの違いぐらい。パッと見には、相当の虫好きでも見わけはつかないだろう。

イヌホオズキ類などの雑草が近くに生えていれば、ナス科野菜よりもそちらを食べてくれる。

アカホシテントウ

場所 クヌギ、クリ、ウメなどのカイガラムシの発生する植物
時期 4～10月
食物 カイガラムシ（幼虫、成虫とも）

赤いふたつの紋が宝石のように美しいテントウムシ。とくにウメにつくタマカタカイガラムシを好んで食べてくれる。幼虫・蛹の姿がグロテスクなので、間違えてかき落とさないようにしたい。

成虫
6mm。ルビー色のきれいな紋をもつテントウムシ。カイガラムシを好んで食べる。

ウメの木についた蛹
アカホシテントウの蛹はイガイガでこれをカイガラムシと思い違いする人もいる。蛹から羽化したては、このように全体が黄色い。

タマカタカイガラムシ
日当たりの悪いところや植物の密度が高いところにはタマカタカイガラムシが発生しやすい。農薬をまかないでいればアカホシテントウがやってきて中身をすべて食べてくれる。

ヒメアカホシテントウ

場所 サクラ、モモ、ウメなどのバラ科の植物、クワ、チャなどのカイガラムシの発生する植物
時期 4～10月
食物 カイガラムシ（幼虫、成虫とも）

肉食性のテントウムシのなかではかなり小型。カイガラムシをおもに食べるが、アブラムシも食べる。

幼虫
テントウムシの幼虫のなかでもとくにイガイガしているので「害虫」に間違えられることが多い。幼虫もカイガラムシを食べる。

成虫
4mm。ほかのテントウムシにくらべ、顔の部分も真っ黒で、映画「スターウォーズ」のダースベーダーっぽい。しかも、ヘリグロテントウノミハムシの成虫にも似ている。成虫の体長は2.5～4mmとかなりばらつきがある。写真は大きいほう。

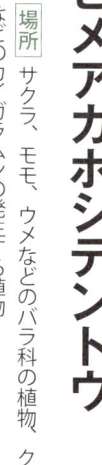

カメノコテントウ

場所　クルミの木
時期　4～10月
食物　クルミハムシの幼虫（幼虫、成虫とも）

約13ミリもある大型のテントウムシ。クルミハムシの幼虫を食べる。体には「山」の字のような模様がある。

成虫
13mm。かなり大型のテントウムシ。つややかな甲の両脇には「山」という漢字が書いてあるように見える。幼虫・成虫ともにクルミを食害するクルミハムシの幼虫を食べる。

卵
シャーレのなかでバラバラと真っ赤な卵を産んだところ。

ムネアカオオクロテントウ

場所　クズが繁茂しているところ
時期　3～11月ごろ
食物　カメムシ類の幼虫（おもにマルカメムシの幼虫）
天敵　最近の外来種のため、詳細不明

最近、古い住宅街では空き家が目立ち、クズが繁茂していることも多い。それに伴ってクズを食べるマルカメムシが増えている。すると、今度はマルカメムシの幼虫を食べるために、見たこともないテントウムシの幼虫が

成虫
近年日本に侵入した大型の外来種。赤と黒の配色が鮮やか。
写真提供／香川淳

幼虫
ほかのテントウムシよりもいかついかんじ

マルカメムシ

やってくる。これはカメムシ類の幼虫を食べるムネアカオオクロテントウ。原産地は中国、タイ、ミャンマー、ベトナムと、暖かい国。日本には２０１５年ごろに侵入したようだ。私たちがふつうに見るぐらいなので、その後も勢力を拡大していると思われる。

column

外来種について

外来種についてだが、どう考えていいものか、悩んでしまう。

これだけ人間もモノも（物流）世界中がつながっていたら、もはや外来種をくい止めることは不可能に思える。

それにマルカメムシを食べるムネアカオオクロテントウや、ウドンコ病菌を食べるクモガタテントウのような「益虫」ならいいのか？　という話にもなってくる。

なかには「セイタカアワダチソウのように爆発的に増えても、自然と収まっていくので、放っておけばいい」という人もいるが、全部が全部淘汰されていい塩梅で収まってくれるとも限らない。たとえば、ムネアカオオクロテントウが増えすぎてマルカメムシが激減したら、マルカメムシを天敵とするクズが爆発的に増えてしまうのではないかと、思ったりもする。

２０２４年9月3日、環境省は奄美大島のマングースを根絶したと宣言した。マングースは毒ヘビであるハブの駆除という名目で島に導入されたものの、国の特別天然記念物のアマミノクロウサギなどの希少な野生動物が襲われる被害が相次いだため、25年近い年月をかけて「根絶」したとのこと。

このことからもわかるように、人間が自分たちに都合のいいように行なったことが、生態系を乱すことにもなりかねない。

仮に「益虫」のように思える虫たちが、人間の手による移入ではなく、自力で飛んできたとしても、安易に「益虫」が増えたと喜んでいていいものなのだろうか？　外来種について、もっと幅広く深く研究や議論をしていく必要があるように感じる。

ヒラタアブ

場所　アブラムシのいるところ
時期　早春～晩秋
食物　幼虫はアブラムシ、成虫は花の蜜
成虫で越冬する。成虫は、真冬でも花があるところに飛んでくることがある

ヒラタアブの成虫は小さなハチのように見え、花の咲いているところであれば、早春から蜜を求めて庭にやってきては、ホバリング（停空飛翔）している。針はないので、人間を刺すことはない。

ホソヒラタアブ　幼虫
終齢幼虫で約14mm。若齢幼虫はウジ状で透けているが、終齢に近づくにつれ茶色くなる。アブラムシを精力的に食べてくれる。
写真提供／天田眞

ホソヒラタアブ　成虫
約11mm。関東などの暖かい地方では、真冬でも花が咲いていると蜜や花粉を求めて飛んでくる。よくホバリングをしている。

ヒラタアブの仲間
成虫は蜜を吸うので、アブラムシを食べることはない。だが、産卵期であれば、卵を産みにくるかもしれない。卵はアブラムシのすぐそばにひとつずつ産んでいくという。

ヒラタアブ　蛹
蛹はしずく形をしている。

クロヒラタアブ　幼虫
終齢幼虫は約15mm。アブラムシを持ち上げて吸汁しているところ。

幼虫はウジ状で、気味悪がる人もいるが、アブラムシが発生しているいろいろな草花や樹木にいて、アブラムシを食べてくれる。

ホソヒラタアブ、クロヒラタアブなどいろいろな種類があり、幼虫の姿も種類によってまったく異なる。ホソヒラタアブの幼虫はスケルトンタイプで黒い腸が透けて見える。

成虫は花にやってくる。

早春から晩秋まで活動期間が長く、地域によっては真冬でも庭にやってくるので、卵を産んでもらえるように、いろいろな花が常に咲いているようにして、ヒラタアブが庭にきやすい環境をつくっておくとよい。だからといって、園芸種の草花ばかりを植えなければならないかというと、そんなことはなく、ヒラタアブにとっては、園芸種だろうと雑草の花であろうと区別なく、やってきてくれる。

フタスジヒラタアブは、アブラムシを捕獲するが、そのほかに自分の体よりも大きいガの幼虫などを食べることも報告されている。

シオヤアブ

場所 畑や庭
時期 7~8月ごろ
食物 昆虫
天敵 寄生バチ

写真提供／懸田剛

ずっと気になっている虫がいた。庭仕事をしていると、お尻に白いポンポンを付け、ものすごいスピードで飛んでいるアブ。この白いポンポンのような毛の束が塩のように見えることから、この名前がつけられたとか（ポンポンがあるのはオスだけ。メスにはない）。

アブというと吸血されそうでこわい感じがするが、シオヤアブは人間には無頓着。もちろん刺したりもしないし、そもそも吸血性のアブではない。それもそのはず、ムシヒキアブの仲間なので、ねらいは虫。カメムシやチョウ、甲虫、なんとスズメバチやトンボまでも捕食する凄腕ハンターだ。

そんな凄腕ハンターだが、葉裏に産みつけられた卵は真っ白なメレンゲのようで、見つけたとき、幸せな気持ちになってしまう。

成虫（オス）
庭仕事をしていると、すごいスピードで低空飛行しているのを見る。地表近くにいる虫をねらっているのだろうか。

卵
卵はまっ白なメレンゲのよう。

甲虫の体液を吸うシオヤアブのメス
写真提供／懸田剛

クサカゲロウ

場所 いろいろな草花、樹木、アブラムシが発生している植物
時期 5〜9月
食物 アブラムシ、カイガラムシ（おもに幼虫。成虫は種類による）
成虫は夜行性なので昼はあまり見ない
幼虫は共食いしやすい

クサカゲロウの成虫は、透きとおった緑色の翅が美しい。

成虫でアブラムシを食べる仲間もいるが、とくに重要なのは、木や草花にとどまってアブラムシを食べてくれる幼虫の存在だ。その幼虫にきてもらうためには、まず成虫がやってきて卵を産まなければならない。成虫を見たら、大切にしてあげてほしい。

クサカゲロウの幼虫には種類によって、背中にごみを背負うタイプと、なにも乗せないレギュラータイプがある。

小さなごみが、手の甲でとことこ動いていた。よく見

アブラムシを吸汁するクサカゲロウの幼虫
8〜11mm。食欲旺盛なクサカゲロウの幼虫にはツノかキバのように見えるアゴがあり、獲物を挟みこんで吸汁する。この幼虫は、ごみで体表をカムフラージュしない種類。

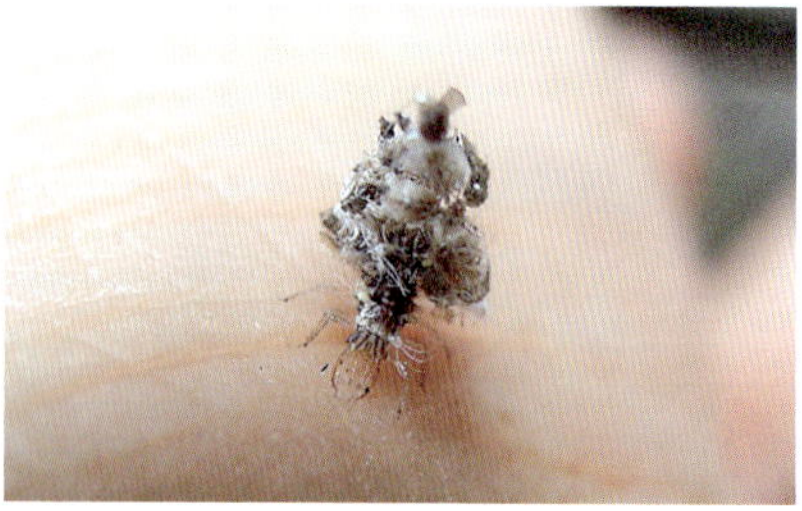

ごみを背負うタイプのクサカゲロウの幼虫
クサカゲロウ幼虫のなかには、自分の脱皮殻、自分の食べたアブラムシの吸い殻、枯れた植物の破片、コケなどのかけら、カイガラムシのロウ物質などを体にくっつけてカムフラージュしている種類がある。かえって目立つような気もするが……。

ウドンゲの花
マツの葉に産まれた卵。クサカゲロウの種類によって糸のようなものの先端にひとつずつ卵を産むタイプと、塊で産むタイプがある。これはひとつずつわかれているタイプの卵。マツの葉1枚の細さを考えると、いかに卵が小さいか想像できるだろう。

ウドンゲの花
キンモクセイの葉の裏に産んだ卵。これはごみを背負うタイプの卵らしく、塊で産みつけられている。

クサカゲロウの幼虫 vs アリ
アブラムシがいなくなると、カイガラムシ、ハダニ、アザミウマなども食べるというが、なんとアリまで襲っていた。アリは昆虫のなかでは、かなり強者といわれているのに……。

成虫
開張22〜29mm。成虫はアブラムシの出す甘露をなめている。こうやってすす病を防ぐ役目もしている。

ると、クサカゲロウの幼虫で、自分の食べたアブラムシの吸い殻などを背中にタワーのように乗せて、カムフラージュしていた。

幼虫は、成虫になるまでに600匹のアブラムシを食べるといわれている。アブラムシがいなくなるとそれ以外の虫も食べる。カイガラムシやハダニも食べ、アリを襲っているところを見たこともある。

成虫はアブラムシを食べる種類もいるが、アブラムシの排泄する甘露をなめるものもいる。

クサカゲロウの卵は「ウドンゲ（優曇華）の花」と呼ばれる。

「ウドンゲの花」は一塊で産みつけられるタイプと、同じ場所にひとつずつ産みつけられるタイプにわかれる。だが、どちらのタイプにしても葉の裏がわに、糸の先に小さな米粒がついているような形なので、すぐにわかる。マツの細い葉に産みつけられているものもあった。

column

優曇華《ウドンゲ》の花（クサカゲロウの卵）

「ウドンゲの花」というのは「三千年に一度花を咲かせる」という仏教説話からきている架空の花のことだ。それほど見つけるのが難しいという意味なのだろうか？

だが、けっして希少種ではなく、都会の庭でもふつうに見ることができる。きっと、葉の裏についていて、小さいので気がつかないだけなのだと思う。

一度見れば、その繊細で不思議な姿に魅了され、この名前をつけた先人たちの観察力にうなってしまうことだろう。

地方では、家の柱や梁《はり》にこの卵が産みつけられることがあり、吉兆だという説と凶兆だという説がある。アブラムシの天敵が産まれるのだから吉と考えたいところだが、湿度が高いということかもしれないので、吉凶占いは難しい……。

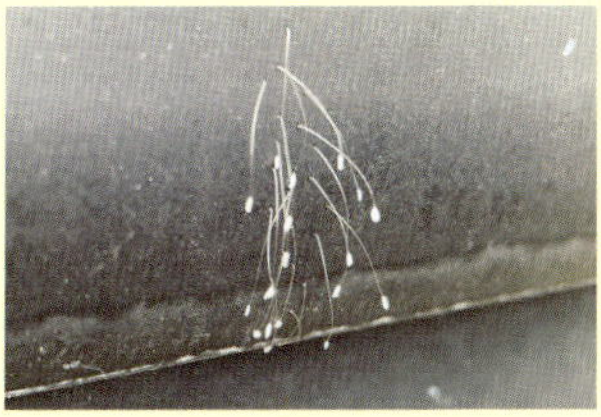

クサカゲロウの仲間の卵

アシナガバチ

場所　木の枝や軒下、地面と地面に近いところ以外のあらゆるところ
時期　3〜11月
食物　生きている昆虫や卵、幼虫

ハチは刺すから嫌い！という人は多い。

でも、じつは庭にはぜひきてほしい虫だ。

アシナガバチはイモムシ、ケムシを噛み砕き、唾液とまぜて肉団子にして、巣へ運んでいく。アシナガバチが庭に多くいてくれると、葉を食害する虫の数はかなり減るはずだ。

実際、サザンカの生け垣にチャドクガが大発生したときに、アシナガバチの巣がある半径2メートルぐらいのところだけは、まったく発生していなかったことがある。

アシナガバチが人を刺すときは、ハチが身の危険を感じたり、巣に危害を与えられると思ったときだけ。何もしない人間にわざわざ近づいて刺したりはしない。

また、いきなり刺すことは少なく、ハチの領域内を侵犯されたと感じたときは、まず威嚇飛行をする。その場合は、こちらが相手の領域内を侵したのだから、静かにその場を立ち去るしかない。

もし庭で歩くときにどうしても体にふれてしまう場所や、玄関などの出入りの多いところ、雨戸など戸を開け閉めするところなど、人間とバッティングする場所にアシナガバチの巣があるなら、取りのぞいたほうが無難だが、そうでなければ巣を残して、イモムシやケムシなどを食べてもらおう。

アシナガバチは、スズメバチにくらべると攻撃的ではない。

ハチに刺されたときの対処法

まず、ポイズン・リムーバー（100ページを参照）で毒を吸いだす。ポイズン・リムーバーがない場合は、指先で毒を体外へ押しだすようにきつくしぼりだす。

その後、刺された部分を冷やす。冷やすことで血管が収縮し、血管のなかに毒が吸収されにくくなる。

ティートリーオイル（アロマテラピーで使う精油の一

ヒメホソアシナガバチ
14～20mm。巣を拡張する働きバチ。

column

ホソアシナガバチ

冷たい風のなか、ふるえながら耐えているような様子のハチが1匹。越冬明けでボンヤリしているホソアシナガバチだった。下半身の模様が美しく、翅もきれい。恐怖心を乗り越えて観察できるようになると、ハチのかっこよさにホレボレする。

無事に冬を越したメスの女王バチは、これから巣をつくり、大家族にしていく役目をもっている。

巣は、枯れ木の繊維をあごで噛み切り、唾液とまぜてねってつくっていく。触覚で長さを測って六角形の部屋のサイズをほぼ均一にしていくという驚くべき能力をもっている。工学ではハニカム構造と呼ばれ、軽量で強度がありいろいろなものに応用される。

ホソアシナガバチ（14～20mm）と巣
写真提供／天田眞

種）を塗る。

心配なら、ハチ刺され用の薬剤（抗ヒスタミン剤）を塗る。アンモニア水や尿は効果がない。

また、以前ハチに刺されたことがあり、刺されたときに気分が悪くなった人は、病院へ行こう。

ハチを寄せつけない方法

ハチは一度使った巣を二度と使わない。もし、一度つくられてしまったところに、もう二度とつくってほしくなかったら、使い終わった巣を取らないでそのままにしておいたほうがつくられにくい（ただし、場所にもよる）。

カナダに行ったとき、野外のレストランで、広い敷地内に植えられている木に薄茶色い紙袋がいくつも下がっていた。「これは何？　なんのため？」と聞いてみると、お客さんが庭で安心して食事ができるように、ハチを寄りつかせないよう、疑似巣を下げているのだ、ということだった。

キボシアシナガバチと巣
巣の色が鮮やかな黄色。
写真提供／天田眞

ココナツでできた擬似巣

column

アシナガバチと遭遇したら

アシナガバチは巣を直接たたいたり、切り落としたりしないかぎりは、人間を襲ってくることはまずない。

まず、飛んでいる方向を目で追って、巣が庭にあるかどうかを確かめよう。もし庭にあっても、人間とバッティングする場所でなければ放っておけばよい。

家のなかや車のなかに入ってきたときにも、ハチ自体がパニックになっていて刺すどころではないので、窓を開けて静かにしていれば、そのうち勝手に出ていく。香水や整髪料をつけていると、においに刺激されて寄ってくるので注意したい。

また、ハチはこちらの攻撃的な態度や恐怖心にはとても敏感。逆に「ハチがいると助かるなぁ」ぐらいの気持ちで静かにしていると、すぐそばまできてもハチもこちらを気にせずに飛んでいってしまう。私たちがあまりにもハチに対して恐怖心がないせいか、知らずにアシナガバチの巣を切り落としても襲ってくることがない。

逆におとなしいマルハナバチでも、危険が迫れば刺してくる。一度、ツツジの刈りこみの最中に、いるとは知らずに、膝で花の蜜を吸っているマルハナバチを押さえこんでしまったことがあるが、みごとにチックンと刺され、アシナガバチほどではないが、それなりに腫れた。

アシナガバチ　幼虫
巣のなかでは幼虫が餌の肉団子を待っていた。

狩りをするキアシナガバチ
20～26mm。葉の上でイモムシの幼虫を肉団子にしている。

スズメバチ

場所 木の枝や軒下、大木のうろや地中
時期 3〜11月
食物 生きている昆虫や卵、幼虫

ハチはオーガニックガーデンの強い味方だが、スズメバチの仲間だけは注意したい。気性が荒く攻撃的で、こちらが過剰な反応（大声を出したり、手を振りまわしたり）をすると、いきなり刺してくることがある。猛暑の夏には、多発する傾向にあるようだ。

スズメバチというと、オオスズメバチを思い起こすが、オオスズメバチは土のなかや木のうろに巣をつくることが多く、軒下・生け垣・木の枝などに巣をつくるスズメバチは、キイロスズメバチ、コガタスズメバチがほとんどである。

オオスズメバチなどに刺されて亡くなる人もいるが、スズメバチに何度も刺されてハチアレルギーの抗体ができてしまった高齢の林業従事者の場合などがほとんどで、通常は簡単にショック死することはない。ただし、以前ハチに刺されて気分が悪くなったことがある人や、アレルギー体質の人は、気をつけるべきだし、万が一刺された場合は病院へ行ったほうがよいだろう。

刺された場合は毒の吸いだしをするポイズン・リムーバー（100ページを参照）で応急処置をし、心配なら病院へ行く。

スズメバチが庭にきているときには、巣があるかどうかを確かめよう。もし巣がなければ、巣の材料を集めにきているか、餌を探しているかなので、大声を出したり、派手に動いたりしないで静かにしていれば、大丈夫。腰を低くしてそっと立ち去ればよい。

アシナガバチと同じく、香水や整髪料のにおいには過剰に反応するので注意が必要だ。

駆除したい場合は、市役所などに相談し、防護服を借りて自分で処理するか、専門の駆除業者に依頼する。なかには、農薬を使わず、煙を使って駆除する業者もあるようなので、こちらの希望を伝え、きちんと応えてくれるところを探すとよい。

人間にとってはこわいスズメバチではあるが、大型のイモムシ、ケムシをつかまえて噛み砕き、唾液とまぜて肉団子にして巣に持ち帰ってくれる。花の蜜も好きなので受粉にも一役買っている。オーガニックガーデンにとっては大切な生きものだ。

たまに巣の材料を集めに、木製デッキの柱やフェンスにとまって、木をかじっていることがある。そういうときは、人間が近くにいても、こちらが気にしなければ襲ってきたりはしないので、巣材集めに必死な姿を観察できる。

ハチに刺されたときの対処法

アシナガバチを参照→64ページ

スズメバチの死
ボーベリア菌に感染して死んだスズメバチの仲間。

初期巣
写真提供／奈良岡進一

使い終わった巣
コガタスズメバチの巣。一度使った巣は二度と使わない。

column

スズメバチ vs ニホンミツバチ

ニホンミツバチは50度までの温度に耐えられるが、スズメバチは45度を超えると死ぬ。ニホンミツバチはその5度の温度差を利用して、スズメバチを集団で囲み、熱で圧殺するのである。この防護戦法を「熱殺蜂球《ほうきゅう》」という。

また、セイヨウミツバチはスクラムを組んでスズメバチの腹部を強く締めつける「窒息スクラム」をすることが最近わかってきた。

窒息スクラム
写真提供／中山拓郎

冬眠
木のうろで寄り添うように眠る女王2匹。

オオスズメバチ
冬眠中の女王の顔。女王37〜44mm。

column

冬眠するオオスズメバチ

薪割りをした。

薪を割ってみたら、大きく腐りが入っている。かなり腐朽菌に侵食されている。それを樹木が保護膜をつくって囲いこみ……お互い必死の攻防がくり広げられているのがわかる。一生風邪をひかない人間がいないように、木もいろいろな菌に侵されているのがふつうで、無傷の木は驚くほど少ない。

では、菌にやられることがよくないのかといえば、菌でやられた部分やうろになってしまったところなどを利用して冬眠する生きものたちもいるわけで、生態系のなかでは木が腐ることにもちゃんと意味や役割があり、ほかの生命のために役立っているのだ。

左上の写真は、オオスズメバチのメス2匹が寄り添い、木の腐った部分で冬眠しているところ。オスは冬がくる前にすべて死んでしまうから、これは寄り添っていてもメス同士（2匹とも女王バチ）。

オオスズメバチの顔のどアップなんて、こんなときじゃないと安心して見られないし、寝姿はけっこうかわいいものである。

狩りバチ類

場所 種類によっては木の枝や葉、竹のなか、電柱についている穴など
時期 3～11月
食物 生きている昆虫や卵、幼虫

ハチというと、巣をつくり、集団で生活しているイメージが強いが、ドロバチ、アナバチ、ベッコウバチの仲間は孤独なハンター。集団にはならず、単独生活をする。しかも、アシナガバチやスズメバチとは違い、イモムシ、ケムシを肉団子にはせず、麻酔を打ってそのまま幼虫の餌として巣のなかに入れてしまう。

巣は自分がすむためのものではなく、卵を産むためのもので、ハチの種類によって、巣をつくる場所もさまざま。地面を掘って巣をつくるもの、竹筒や木の穴や電柱にある穴につくるもの、枯れ枝につくるものなどがある。

餌は種類によって、バッタ、ハナアブ、ガの幼虫、アブラムシ、クモなどを狩るが、サトジガバチはスズメガ

スズバチ
18～30mm。ヒイラギモクセイの葉の上でイモムシに麻酔をうち、つかまえて飛び去ってしまった。狩ったものは卵を産みつけた巣のなかへ入れて、孵化した幼虫の餌にする。

スズバチの巣
豚の鼻のような塊をモクレンの枝先に発見。これはスズバチというトックリバチの仲間の巣で、直径5cmくらい。巣が土鈴に似ているからこの名前がついたとか。こんな陶芸家みたいなハチもいるのかと思うと、ますます庭の生きもののおもしろさに魅了される。ハチといっても、たくさんの種類がいてほんとうに多様だ。

割れたスズバチの巣
なかに幼虫と餌のシャクトリムシが入っていた。右下の白くぷっくり膨れたものと、上部中央の緑色のものがスズバチの幼虫。

をはじめ、ガの幼虫などを好んで食べる。チビアナバチやキスジアナバチはアワフキムシを狩る。

このハチを庭に招き入れたければ、竹を何本か束ねて庭に置いておくと巣をつくりにやってくる。

トックリバチの巣とミカドトックリバチの成虫（右）

これはトックリバチの仲間の巣。泥を使って見事にトックリをつくっている。まるで陶芸家だ。自分自身がまわりながらつくるというから、まるで動くろくろ。ほんとうに昆虫たちの能力には驚かされる。ときどき、うちに置いてある竹の切り口に巣をつくるドロバチもいるが、歳をとると巣づくりがいい加減になるものもいるらしい。

写真提供（巣）／天田眞

コスズメの幼虫をねらうサトジガバチ

♀約23mm　♂約19mm。麻酔を使って狩りをするタイプは、捕食相手がハッキリしているものが多い。アワフキムシ専門、ガの幼虫専門、オニグモ専門、バッタ専門、ハマキムシ専門などである。ジガバチはガの幼虫を好む。

エントツドロバチ

竹筒につくったエントツ状の巣から出てきたところ。ドロバチの仲間は直径が5〜20mmぐらいの筒状の穴に卵を産み、イモムシやケムシなどに麻酔を打って巣のなかへ運んで幼虫の餌にする。長さ20cmぐらいのいろいろな太さの竹を取り混ぜて束ねておくと、これらの狩りバチが庭にやってきてくれる。

column

インセクトホテル

いっとき、生物多様性を広げるために、ビオトープが注目されたことがあった。日本でいうビオトープは、池や流れをつくるなど水場が大切とされた。水場をつくるのは大ごとなので、一般の家庭には普及せず、ビオトープはもっぱら学校や工場などに設置された。

今、同じ生物多様性の観点から、もっと手軽につくれるインセクトホテル（インセクトハウスとも呼ばれる）が話題になっている。あるものを利用して、庭に虫たちのすみかをつくるのだ。松ぼっくりを入れれば、テントウムシが越冬し、大きめの石を積み重ねれば、そこに爬虫類がすみつく。細い竹を何本も積み重ねることで狩りバチがやってくる。そうやって天敵を増やすことで、庭のバランスを保ち、食害する虫の数を減らすことができる。材料は竹や松ぼっくりのほかに、藁や木端、素焼きの植木鉢など、身近にあるものでオーケー。あなたもコンシェルジュになったつもりで、インセクトホテルをつくってみませんか？

軒下に吊るしたインセクトホテル

地面に置くタイプのインセクトホテル

虫やカエルのすみかをつくることで、庭の生態系をもっと豊かにする。どんな虫がやってくるか、よく観察してみよう。

ハナバチ類

場所 多くの植物の花
時期 3～11月
食物 花の蜜、花粉
天敵 ヒヨドリ、モズなどの野鳥、ムシヒキアブなどの捕食性の昆虫、クモ類など

5～6月ごろ公園のオオムラサキツツジの植えこみや満開の藤棚などに、クマバチ（約22ミリ）やコマルハナバチ（16～21ミリ）をはじめ、いろいろなハナバチの仲間がやってくるのを見かけたことがあるだろう。

ハナバチの仲間は、植物の受粉に欠かせない存在だ。人間の食料の3分の1以上は昆虫の受粉によってつくられているというのだから、ハナバチ類も相当人間に寄与してくれているのではないだろうか。

庭仕事をしていてよく見かけるのが、コマルハナバチ。東京の都市部にも進出しているハナバチの仲間だ。オレンジ色のブルマーをはいたような丸くてふさふさした2

トラマルハナバチ
10～18mm。忙しそうに花から花へと飛びまわるトラマルハナバチは働きもの。後ろの脚には花粉かごというポケットをもっていて、集めた花粉をためて運ぶ。マルハナバチの仲間は北方で進化したので寒さに強く、比較的早春のうちから冬眠から目覚めて働きはじめる。

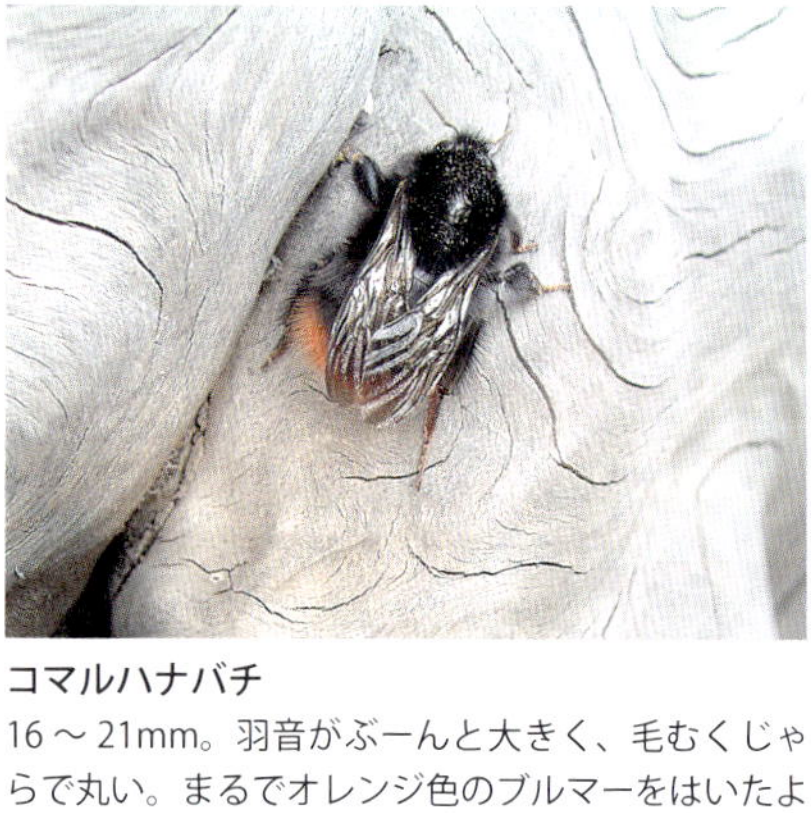

コマルハナバチ
16～21mm。羽音がぶーんと大きく、毛むくじゃらで丸い。まるでオレンジ色のブルマーをはいたようなハチ。花に訪れるとたっぷり花粉がつくので、植物の受粉には相当役立っているはずである。

column

ルリモンハナバチ

「ブルービー」というハチがいることをご存じだろうか？　正式名称はルリモンハナバチ。「幸せを呼ぶ青いハチ」といわれている。ミツバチ科に属し、なかなか希少らしく、私たちもまだ実物には出会っていない。それもそのはず、見られるのは西日本のほうが確率が高いらしい。と思っていたら、なんと仙台市に住む友人や神奈川県に住む友人から「こんなハチ見たよ！」と写真が送られてきた。どんどん生息域を北まで広げているのだろうか？　これまた温暖化のなせるわざ？

コシブトハナバチ類やケブカハナバチ類の巣に労働寄生することまではわかっているが、くわしい生態はまだわかっていない。「労働寄生」とは、ほかのハチの巣に卵を産んで、子どもを育てさせること。鳥でいうところのカッコウやホトトギスの托卵みたいなものと考えるとわかりやすい。美しい体とは裏腹に、なかなかずる賢くて、ホントに「幸せを呼ぶハチ」なんて言ってしまっていいものかしら？

ルリモンハナバチ
写真提供／石井由樹子

土のなかの巣をめざして飛んでいく
ハナバチの仲間

よいしょ！　巣のなかに入る

ハチというと、「刺すもの」というイメージがあるが、ハナバチの仲間はよほどのことがないと刺してこない。そばに人間がいても頓着しないで、ひたすら花の蜜や花粉を求めてホバリングしている。

また、ミツバチはダンスで仲間に餌のありかを教え、大勢で餌をとりに行くが、ハナバチの仲間は大勢ではとりに行かず、単独行動である。

さらに巣も、アシナガバチやスズメバチのように樹などにつくるのではなく、土のなかに大家族で営巣する。ハチといっても、さまざまなのだ。

ハナバチの仲間

センチぐらいの大きなハチが、ヘリコプターのように1カ所にとまって飛行する「ホバリング」をやってのける。

ハナバチの仲間はよく脚のあたりに花粉をくっつけているが、脚にポケットのような花粉かごがある。

ハナバチの仲間には土のなかに営巣し、集団生活をするものもいる。

しかし、近年、在来のマルハナバチは数が激減しているらしい。農薬の乱用や植生の単純化の進行が原因だと指摘する声もあるが、気温上昇や森林面積の変化との関連性を指摘する研究もある。

ハチはほんとうに農薬に弱い。ハナバチやミツバチは植物の受粉にとって大きな役割を担っているのだから、農薬の使用をやめないと、生態系に大きな影響が出てしまう。

寄生バチ

寄生バチは、ほかの虫の卵や幼虫の体内に産卵するハチの仲間だ。孵化した寄生バチの幼虫は、宿主の養分を奪いながら成長する。宿主は最終的には死んでしまう。

寄生バチには、コマユバチ、タマゴバチ、ヒメバチの仲間、コンボウヤセバチなどがいる。

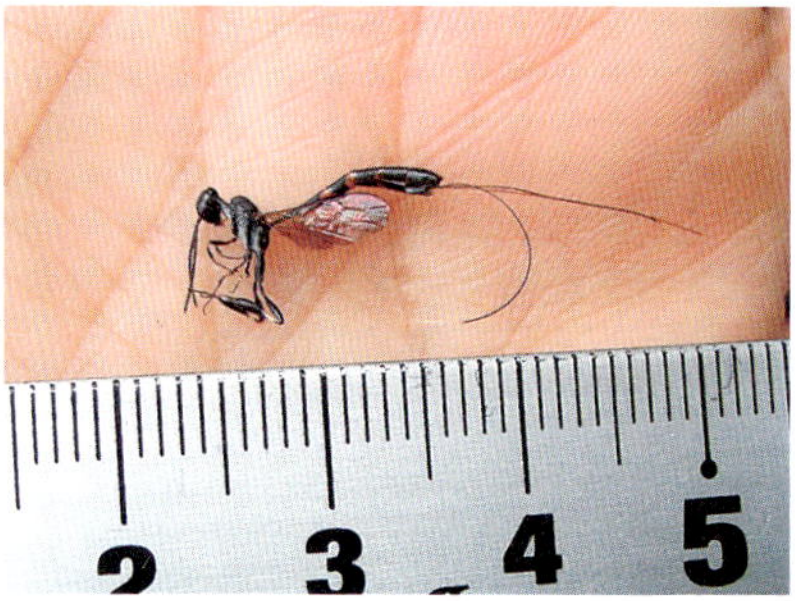

コンボウヤセバチ
♀約30mm。狩りバチやハナバチの幼虫に寄生する、ハチに寄生するハチだ。お尻の長いのは産卵管で、これで宿主に卵を産みつける。寄生バチの多くは人間が気づかないほど小さいから、相当数いるのだがめったにお目にかかれることはない。コンボウヤセバチは、物差しの目盛りからもわかるように、寄生バチのなかでは大型。

幼虫がベジタリアンのハチ以外は、天敵としてとても役に立つので庭にはぜひいてほしい虫たちだ。

ツバキやサザンカなどを食害し、毒針毛《どくしんもう》が人間の皮膚に付着するとかなりかゆくなるチャドクガの幼虫にもコマユバチの仲間が寄生する（チャドクガを参照↓１２９ページ）。

column

アブラバチ

アブラムシの天敵はテントウムシやクサカゲロウだけではない。なんとアブラムシに寄生するハチもいる。寄生されたアブラムシは茶色くぷっくりと膨らみ、体に穴があいている。こんな小さな穴から寄生バチは巣立つのであろうか？　天敵とはいえ、寄生生物は宿主に１００パーセント依存している。

スズメガに寄生

宿主であるスズメガの幼虫をすぐに殺すことはせず、体内で養分を少しずつ吸いとり、蛹になる直前にスズメガの体をつきやぶって、いっせいに出てくる。エイリアンみたいだ。

写真提供／天田眞

アブラコバチ寄生

アブラムシが茶色く膨れて、体の一部に穴があいているのを見ることがある。これをマミーと呼ぶが、アブラムシのミイラともいう。こんなに小さなアブラムシにも寄生するハチたちがいるとは、驚きだ。

チャドクガに寄生するコマユバチの仲間

チャドクガの大発生とともによく見られるのが、寄生バチだ。農薬を使用しない庭では、このような寄生バチの繭がよく見られる。

そのほかのハチ

幼虫が葉っぱを食べてしまうハバチ、キバチの仲間もいる。いわば、ベジタリアンのハチで、ツツジの葉を食べるルリチュウレンジ（→176ページ）、バラの葉を食害するチュウレンジバチ（→179ページ）などがこれにあたる。

また、葉を食べるわけではないが、巣の材料とするハキリバチもいる。

コブシハバチの幼虫

ハキリバチの仲間に切り取られたバラの葉

ヤマトシリアゲ

場所 庭、畑、低山
時期 4～9月ごろ
食物 小動物や昆虫の死骸など
天敵 鳥、カマキリ

庭でたびたび見かける、ベッコウのような翅をもち、サソリのようなしっぽを持ち上げている虫はなんだろう？　調べてみるとヤマトシリアゲ。クルッと巻いた尻をグイと持ち上げているのはオス。メスの尻はクルッとはしてない。たまに葉っぱの上にとまっているのを見かけるが、この虫、何をしてるんだろう？と思っていた。オスの尻がサソリに似ていると書いたが、英語では「スコーピオン・フライ」と呼ばれているそうだ。だが、毒はなく、人間を刺したりもしない。

あるとき、長野県安曇野市の友人の庭にケムシが大発生！　もちろんオーガニックの庭だ。すると数日して、そのケムシがみんな死んでしまって、木に張り付いて動かないという。見るとシリアゲムシの仲間がケムシの体液をちゅーちゅー吸っている。この虫、肉食性だったのだ！

シリアゲムシは交尾する際、メスに餌（虫）をプレゼントすることが知られている（絶対ではなく、そうすることもある、ということらしい）。知名度の低いシリアゲムシだが、庭にいてくれたら頼もしい存在だ。

成虫（オス）
オスはサソリのように尻（腹部先端）を上げているのが特徴。
写真提供／懸田剛

ケムシを食べるシリアゲムシの仲間
写真提供／臼井朋子

クモ類

場所 種類によってさまざま。樹木、軒下、低木、草の上や根元、落ち葉の上や下、家のなかなど
時期 1年中。野外では5～11月
食物 生きている虫

クモは、日本では今のところ約1700種類が確認されているという。種類によって発生時期も異なり、同じ時期に発生しても、高いところ、低いところ、地面などすみわけをしている。

生態系のなかではかなり高位にいる消費者のため、いろいろな場所でいろいろな生きた虫を食べる。ということは、クモが多くいるというのは、ほかの種類の生きものも多く生息しているということだ。

殺虫剤にとても弱いので、使わないでほしい。

クモには、巣を張るタイプ、巣を張らないで歩きまわる徘徊性、土壌性のクモがいる。

巣を張る場合、まず糸をうまく風に乗せないと最初の

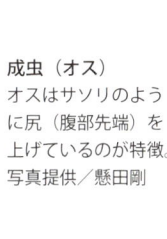

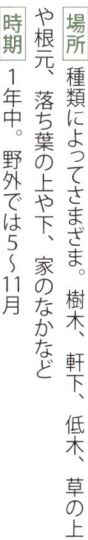

1本が張れないらしい。風まかせである。

オナガグモは基本的に1本だけ糸を張り、細い胴と長い脚を前後にまっすぐにして糸と同化する。そして、その糸を利用して自分の巣をつくろうと寄ってきたクモを食べてしまう、クモ食いのクモだ。

雑草もそうだが、虫たちも同じ庭でも毎年同じ顔ぶれではなく、年ごとに違っている。わが家ではある年はジョロウグモ、またある年はオニグモという大型のクモ、さらにある年にはギンメッキゴミグモなどが目につく。

また、クモほど、発生の時期、場所、高さなどを違え、すみわけしているものはない。ギンメッキゴミグモは初夏に多く、盛夏や秋にはほとんど姿を見ないし、ジョロウグモは秋の発生が多い。しかし、それも私たちが住んでいる一地方でのこと。場所によってその発生時期も異なったり、地域によっても発生する種類が違ったり、クモに限ったことではないが、一口ではいえないのである。

オナガグモ
♀ 20 〜 30mm　♂ 12 〜 25mm。クモも最初の1本の糸を張るのは難しいのか、すでにほかのクモが引いた糸を利用しようとする。オナガグモは、基本的に1本だけ糸を引いて、それを伝わってきたクモを食べてしまうクモ食いのクモ。

オニグモ
♀ 25mm。オーストラリアの先住民、アボリジニーの模様のようで迫力がある。昼間はじっとしていて動かないが、夜になるときれいな形の網を張る。朝には巣網を自分で食べてしまう。そして毎日これをくり返す。

オニグモ
♀ 25 〜 30mm　♂ 15 〜 20mm。夜、巣を張ったオニグモ。毎日巣を新しく張り替えるとはご苦労なことだが、新品なので獲物がかかりやすいというメリットがあるのかもしれない。
写真提供／阿部浩志

それが多様性ということなのだろう。

　オニグモは、夜になるときれいな形の巣をつくり、朝には巣網を自分で食べてしまう。それを毎日くり返す律《りち》儀《ぎ》なクモだ。獲物が巣に引っかかった震動で、ロッククライマーみたいに、自分が自由に動ける糸をスーッとのばし、すばやく獲物をつかみ、糸でグルグル巻きにしてしまう。それからジュルジュルと獲物の体液を吸う。かなり迫力がある。

　そのほかにも、コアシダカグモが多く這いまわっている年がある。こちらは巣をつくらず、徘徊しながら獲物を探している大型のクモだが、ゴキブリまで食べてしまうというツワモノ。どうりでうちはゴキブリが少ない！

　よく知られているクモといえば、庭や家の軒下などにも巣が多く、もっともなじみのあるジョロウグモ。赤い

column

クモの糸いろいろ

「クモが糸を吐く」などという言い方をするが、じつはクモの糸はおなかの後ろ端にある「糸いぼ」というところから出ている。しかも用途によって何種類もの糸を出しているというのだから、すごい！

　クモが歩くための糸、網の枠になる糸、網を放射状に張るときの縦糸、網を円形につなぐ横糸、卵嚢をつくる糸などだ。このようにいろいろな糸を使いわけて網を織りなしているため、獲物は引っかかると逃げられなくなるのに、自分は網の上を自由に歩けるのだ。

　クモの巣は、強くて粘りがあるので、鳥の巣材に使われたりもする。

アシダカグモ
巣を張らない徘徊性のアシダカグモも、子蜘蛛は糸を吐いて、軒先から風に飛ばされて分散していくという。かなり大型でタランチュラのように見えるが、こちらのほうが細身で脚が長い。
写真提供／北堀優子

アオオビハエトリ

♀ 5 ～ 7mm　♂ 5 ～ 6mm。アリを食べる徘徊性のクモ。前脚を振りまわして 8 の字を描くように踊り、求愛するというが、同じ行動でアリを催眠術にかけたように近づかせて食べてしまうこともある。

マネキグモ

♀ 12 ～ 15mm　♂ 4 ～ 5mm。これはオスで約 5mm。移動するときに、太い前脚を動かして糸を伝わっていく姿が、手招きして見えることからこの名前がついた。

ジグモの巣

♀ 15 ～ 20mm　♂ 10 ～ 15mm。木の根元、家の基礎部分、庭石など、土に近いところに、細長い筒状の巣をつくっている。巣に虫がふれると、巣のなかから噛みついてなかに引きずりこむ。

獲物をくわえるアリグモ

♀ 7 ～ 8mm　♂ 5 ～ 6mm。あまりにもアリによく似ているクモ。前の 2 本の脚がアリの触角のように見えるので、脚の数を数えても 6 本に見え（アリは 6 本、クモは 8 本）、なかなか区別がつかない。葉から飛び降りるときに糸がうっすら見えて、ようやくクモだとわかる。

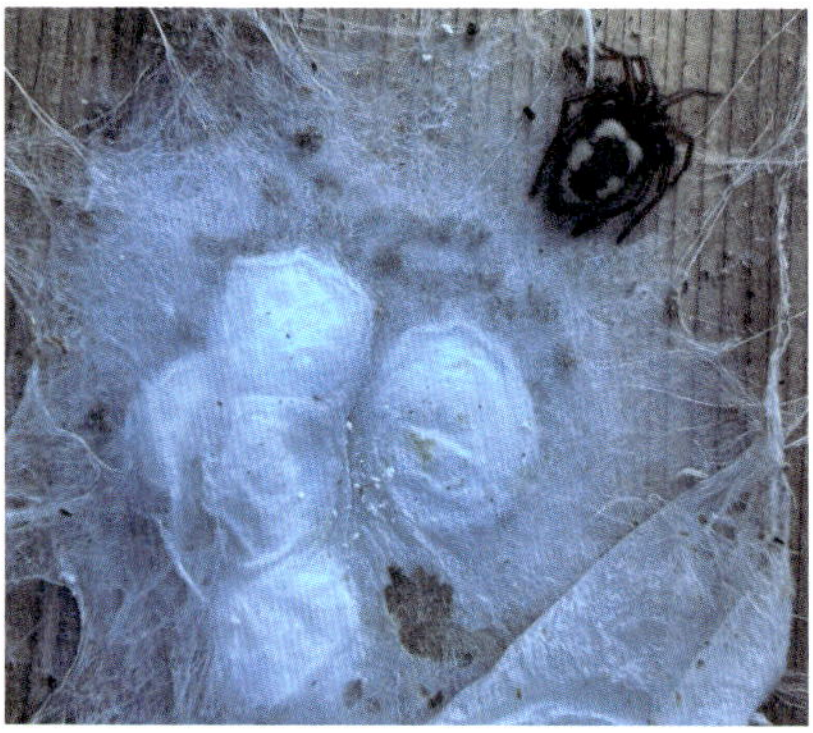

ヒラタグモ

家の周辺で見られるクモ類。上下の膜でできた、白い円盤状のすみかをつくり、間に入っている。すみかから放射状に伸びた受信糸で、獲物を察知して捕らえる。写真はすみか内の卵嚢。

ギンメッキゴミグモ
♀6～7mm　♂5～6mm。クモなのに背中の銀色部分はヤモリの模様。ほとんどの種類のクモが巣で下向きになっているが、このクモは上向きで巣に張りつくタイプだ。

ササグモ
大きさは10mm前後で、足に生えた鋭い針状の毛が特徴。網を張らず、すばやく走って獲物を捕らえる。

ハナグモの捕食
♀6～8mm　♂3～4mm。徘徊性のクモ。花の陰に隠れて、蜜を求めてやってくる昆虫たちをぱっくりと食べてしまう。

チュウガタコガネグモ
♀20～30mm　♂5mm。X状に見えるものは「隠れ帯」というもので、紫外線を反射して昆虫を誘引する働きがあるという。

卵から孵化したばかりのクモの子どもたち
大勢がわらわらと逃げる様子を「クモの子を散らすように」というが、クモの子どもたちはそんな様子だ。このなかで成虫にまでなれるのはどれぐらいいるのだろう。

腰巻きをしているように見えるので、「女郎蜘蛛」という名前がついたのは、周知のとおり。網は2～3日おきぐらいに、半分ずつ、おもに夜間張り替えている。このクモは獲物がかかってもグルグル巻きにはしない。

『クモが好き』（福島彬人著）に、以下のデータが載っている。「水田におけるクモの生息数は、たとえば十月上旬では十アール当たり五万八千匹から九万九千匹。そして一日に捕食されるウンカ、ヨコバイ類は約十万匹から二十三万匹であったという」。当然、庭でもこの旺盛な食欲を発揮しているにちがいない。

たまに、糸を1本吐きながら、風にスーッと飛ばされていくクモを見る。どこまで旅をするのであろうか。

ジョロウグモ
♀15～30mm　♂6～13mm。網は2～3日おきぐらいに、半分ずつ、おもに夜間張り替えている。このクモは獲物がかかってもグルグル巻きにはしない。
写真提供／阿部浩志

column

クモの巣は天然の防虫網

ジョロウグモは、集合性のあるクモで、お互いの網の枠糸を利用して網を張る習性がある。

以前、近所に住む日本蜘蛛学会の会員の方に見せてもらった会員のためのミニコミ誌に、こんな話が書いてあった。

養鶏業を営む人が、あるときニワトリが病気で全滅してしまったと嘆いていた。ニワトリが病気になる前、たくさんのジョロウグモが鶏舎のまわりをぐるりと取り囲むように、すきまなく網を張っていたのが汚く思え、すべて取り払ってしまったという。ニワトリの病気の原因は蚊を媒介するウイルスだった。今まではジョロウグモが巣網でその蚊が鶏舎に入る前にキャッチして、食べてしまっていたのだろう。クモの巣は天然の防虫網、もしくは網戸のようなものだったに違いない。

アリ

場所 地表、地中、植物（とくにアブラムシやカイガラムシのいるところ）
時期 3～11月（8月は減少）
食物 生きている昆虫や卵、幼虫、生きものの死骸、タネ、甘い食べものなど
天敵 ウスバカゲロウ、アオオビハエトリ、サシガメ類、鳥

アリを嫌う人は多いが、オーガニックガーデンにとって、アリはなくてはならない存在だ。よく死んだ虫を運んでいる姿を見かけるが、アリは自然界のお掃除屋さんといえるだろう。

木がうろになっている部分にアリがたくさんいたり、巣をつくっていることがある。アリが木を食害していると誤解する人もいるが、じつは腐った部分を運び出してくれているのだ。つまり、木にとっては、風通しをよくして防護壁をつくりやすくし、これ以上腐らないように手助けしてもらっていることになる。

アリは確認されているだけで世界に1万4000種以上いるといわれているが、実際には2万種はいるだろうという人もいる。日本には約280種類のアリがいるといわれている。

日本では、人に噛みついて病原菌をうつすなど、人体に著しい被害を加えるものは、確認されていない。ただ

column

アリに養ってもらうクロシジミの幼虫

数が減っているクロシジミというチョウの仲間は、アリが多いことを確かめてから、アブラムシのいる植物にとまり、卵を産む。孵化した幼虫は葉を食べないでアブラムシを食べる。幼虫が少し大きくなると、アリはこれを巣のなかへ運ぶ。クロシジミの幼虫は、背中からアリに甘露を与え、おなかがすくとアリの口にさわって口移しで餌をもらい、アリに養ってもらう。

『地球はアリの惑星』（東正剛編著）より

し、熱帯性のイエヒメアリや東アジアに分布するヒメアリは家のなかに侵入して巣をつくり、木材を食害するので、地域によっては注意が必要だ。また、最近ではアルゼンチンアリやヒアリなども注意喚起されている。

アブラムシやカイガラムシとの共生がよく知られ、そのために嫌われることが多いが、実際にアブラムシと共生関係にあるアリは全種類の4分の1程度だ。

しかも、アリがアブラムシやカイガラムシの出す甘露を巣に持ち帰ってくれるから、葉がすす病にならずにすんでいる。庭にアリが少ないと、葉についた甘露がカビてすすのように黒くなり、光合成を妨げ、植物の元気がなくなる。

また、アブラムシと共生するだけでなく増えすぎたアブラムシを間引くように食べて数を調整したり、タネをまいたり、植物が食害されることを防いだり、生態系を豊かにするのに貢献している。

シロアリの仲間と勘違いして嫌う人も多いが、アリはシロアリの最大の天敵。生きているシロアリを次々襲って巣へ運ぶアリを庭で目撃したことがある（89ページ下段写真を参照）。

アリはイモムシやケムシの卵や若齢幼虫を食べたり、巣に持ち帰ったりもする。

なによりもアリは、けっこう人がいい。

アリに種まきをさせる植物がある。カタクリ、スミレ、フクジュソウなどは、タネの先に、エライオソームという白い部分がある。それはゼリーのようなアリのおやつだ。きれい好きなアリは、そのゼリーを食べたあと、巣の外へタネを捨てに行く。植物は労せずしてタネをまいてもらっているというわけだ。

また、アリヅカコオロギやエイコアブラバチ、クロシジミの幼虫はアリの巣のなかで養ってもらっている。

アリは1億年以上社会性をもって生きつづけてきたが、自然を破壊するどころか、こうやって生態系を豊かにすることに貢献してきたといえる。

アリは知れば知るほどおもしろい生きもの。ぜひ、アリに関する本を読んでその生態を調べてみよう。

column

アリの蟻酸を利用して蟻浴

アリはあんなに体が小さいのに強く、いろいろな虫や鳥から恐れられている。その強さを生かして、時にはアブラムシやカイガラムシのボディーガード役まで買って出ている。その強さの秘訣は蟻酸という刺激性の酸。これにより敵を追い払うことができる。

そして、なんとこのアリの蟻酸を利用して蟻浴《ぎよく》をする鳥もいるらしい。蟻浴とは、鳥がアリの巣の上に座り込み、アリを体にはわせるという行動をとること。一説によると、アリが分泌する蟻酸を体にまとい、寄生虫や細菌を駆除しているともいわれているのだが、まだほんとうのことはわかっていない。身近な鳥ではカラスやムクドリ、ちょっと変わったところではカケスもやることがあるらしい。カラスの蟻浴を見たことがあるという友人は「なんとも言えずうっとりと気持ちよさそうな顔をしていた」というのだが（笑）。これらの鳥が地面に座り込むような格好をしばらくしていたら、それは蟻浴かも。よく観察して、飛び去った後にアリの巣があるか確認してみることをお勧めする。

なお、アリを食べたことがある人はあまりいないかもしれないが、酸っぱくてまずい。この味が蟻酸かな？　と思う。だが、ベトナム、タイ、カンボジアでは、ツムギアリの蟻酸が魚と非常にマッチして美味しいと好まれているとか。

アリの巣のなか

対処法

家のなかに入ってきたときだけは、徹底抗戦するしかないが、なぜ家に入ってくるかといえば、甘いものがある場合が多い。お菓子や砂糖でなくとも、わが家の場合、味醂《みりん》めがけてやってきたことがある。そういう場合は、きっちりパッキングして冷蔵庫にしまい、もとを断つ。

そのうえで、最初にきた偵察隊に情報を持ち帰らせないため、絶対巣に帰さないように1匹ずつつぶしていく。さらにアラメやヒジキなどの煮汁を綿にふくませて、アリの通り道に置いておく。ペパーミントオイルやハッカ油でもよい。

輪ゴムをアリの通り道に置いておくとなぜか来にくくなる。古い輪ゴムよりも新しいものがよく、少しまとめて置いておくとよい。

アリ避けの輪ゴム
輪ゴムをつないで、ネコの餌皿を囲み、アリからガードする。

column

アリを誘うサクラ

サクラは花以外に、葉の蜜腺から甘い汁を出してアリを誘う。これを花外蜜腺《かがい》という。アリは強いので、サクラはほかの虫から自分の身を守るために、協定を結んでいるわけだ。

では、蜜腺のない木はどうやってボディーガード役のアリを呼ぶのだろう。

もしかすると、アブラムシに発生してもらって、アリを呼んでいるのかもしれない。ある程度大きな木であれば、アブラムシに新芽を食われたぐらいで枯れることはない。アブラムシ以外の食欲旺盛な虫たちに壊滅的に食べられてしまうより、アブラムシにきてもらって、アリを呼びこむのを選ぶのも自然界ではありうることかもしれない。

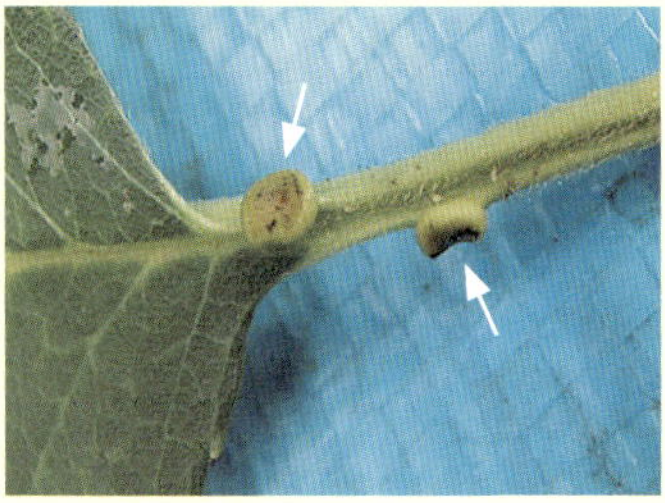

サクラの花外蜜腺

クロオオアリ
新女王 18mm。4月の半ばを過ぎたころ、翅のある女王アリが出現。空中でオスと交尾し、ほかの生きものに食べられずに地上に戻れたものが、女王として生き残る。だが、生き残った女王も、最初に土を掘り、巣づくりをして産卵室に収まるところまでは、自力で行なわないといけない。

アリの幼虫
石をどけると、驚いたアリが幼虫を移動させはじめた。アリのなかには、土中を掘らずに石の下などを利用してすんでいるものがいる。しかも、アリヅカコオロギやハサミムシなど、アリの食べもののおこぼれをねらってすみついたほかの昆虫もいることが多い。

スズメガ類の幼虫を運ぶアリ
アリは自分の体の2倍以上の重さのものも平気で運ぶ。人間が自分の体重の2倍のものを運ぶと考えたら……アリがどれだけ力持ちかわかるだろう。

雨上がりのパンジーの葉上を歩くクロヤマアリ
働きアリ 4～6mm。クロヤマアリなどの大型のアリはほとんど行列をつくらない。また、兵アリがいないので、サムライアリに巣を襲われると奴隷として働きつづけ、一生を終える。

アリ vs シロアリ
土中の杭にやってきたシロアリを、体の小さなアリが次々と襲い、引きずっていく。シロアリの天敵はアリだとは聞いていたが、それを目の当たりにした。また、アリが昆虫のなかではかなり強いということも改めて実感した瞬間。

シロアリ

場所　ウッドデッキ、ウッドフェンス、竹垣の支柱（丸太）など、土のなかに木材が埋まっているところ
羽アリの飛来時期　ヤマトシロアリ　3～5月の午前中
イエシロアリ　5～7月の夜、灯火に飛来
食物　腐った木、枯れ木、製材されている木材など
天敵　スズメなどの小鳥、アリ、ダニ、ウスバカゲロウ

シロアリは光を嫌い、湿った木材を好む。また、ほかの生きものたちとの接触を嫌う。

日本には、イエシロアリ、ヤマトシロアリなどがいて、5万匹から50万匹ものコロニーをつくるといわれている。アリとは違って女王だけでなく、その夫である王様もいる。

シロアリは森の生態系のなかで、分解者として重要な役割をもっている。たしかに庭の構造物や家を食べられるのは困るが、もしシロアリがこの世にいなければ、森の倒木はなかなか分解せず、荒涼とした風景になってしまうだろう。木材の消化には腸内細菌が大きな役割をはたしているといわれている。

シロアリは本来森の生きものであり、庭の草木を直接食べるわけではない。だが、庭のフェンスの基礎や竹垣の杭などを直接土のなかに埋めた場合、地域によってはシロアリの被害が目立つ。

竹垣は自然素材を使った庭の仕切りとして、機能性と装飾性をあわせもち、長い間私たち日本人の暮らしのなかで用いられてきた。以前は、その支柱となる丸太杭は5～6年間ぐらいはもったし、自然に朽ちていくものだった。ところが、近年はシロアリによる被害が目立ち、早いものだと1年以内に食害にあってしまう場合もある。

シロアリにはアリという名前がついているが、じつはアリの仲間ではない。祖先はゴキブリに近い仲間なのだ。

シロアリの天敵はアリで、実際にアリがシロアリを襲って巣穴に運び去るところを目撃したことがある。シロアリ対策のためにも、アリを巣ごと殺すような薬剤を家の周囲に置いたりまいたりしないようにしたい。

また、アリをはじめたくさんの生きものがいること、

つまり多様であることがシロアリ防除のポイントになる。

なお、シロアリの駆除や予防に、化学物質や農薬を使用しない業者もあるので、よく調べて依頼しよう。

対処法

●木質のものをじかに土に置いたり、埋めたりしない。

●フェンスや竹垣の支柱は、コンクリートや金属で基礎

餌を探して移動するシロアリの集団
約5mm。女王アリは毎日数十万の卵を産むという。

丸太を食害するシロアリ
土中に埋めた丸太を引きぬくと……。

フェンスの足

竹垣の足
シロアリの食害を受けないように、木材を直接土中に埋めこまないような工夫をする。

スズメなどの小鳥も、シロアリの天敵となる。
写真提供／土橋淳

アリとシロアリの比較

シロアリ	アリ
ゴキブリに近い仲間	ハチの仲間
胴体のくびれがない	胴体にはっきりしたくびれがある
幼虫のときから働く	成虫が働く
蛹の時期がない	蛹の時期がある
オスとメスが同数	ほとんどメス
植物を食べる	動物質・植物質、いろいろな餌を食べる

『図解雑学　昆虫の不思議』（三枝博幸監修・伊沢尚著）を参考に作成

をつくり、土から離して固定する。木製収納などの構造物も、必ずコンクリートの束石[*1]の上につくり、床下はふさがないで風通しのよい環境にする。

●シロアリが好む廃材や段ボールを、家の周囲や土の上に置かない。

シロアリには除虫菊の粉末や液体が効果があるといわれている。天然除虫菊パウダーが自然食品店などで市販されているが、天然といっても魚毒性[*2]があるほど強力なものなので、いろいろな生きもの、クモ、ダンゴムシ、ゲジ、アリなどまで殺してしまう。除虫菊原料の忌避剤を使うのは、いろいろな手をつくしたあとの最後の手段としたい。

＊1　建築物の土台を支えるコンクリート製の基礎石。

＊2　化学物質が魚介類に対して、どのくらいの毒性の強さをもっているかを表わす毒性評価法の基準のひとつ。試験はふつう、コイとミジンコに対して行なわれ、A類（弱い）～C類（強い）で毒性を表わしていたが、現在は廃止されている。

column

シロアリの被害が増えているのはなぜ？

シロアリによる被害が年々増加しているのはなぜだろう。

ひとつには、人間が山やその周辺を切り開いて大規模な住宅街をつくり、もともといたシロアリの生活圏を侵していることがあげられる。

もうひとつの大きな理由は、家の建て方が昔ながらの建て方と異なり、洋風化してきていることだ。

昔ながらの家は、床下が向こうまで見わたせる風通しのよい構造になっていて、高温多湿な日本の環境にあった形になっていた。ところが、近年の洋風化した家では、ぐるりと囲んだ立ち上げ式の基礎になっている。

ほかの生きものは入ってこれず、ほどよい湿り気がある洋風の家の床下は、すきまからシロアリが入ったら、あっという間に居心地よい「シロアリ天国」になってしまうだろう。

森の生きものだったシロアリだが、街のなかはだんだんすみやすい環境になっているのかもしれない。つまり、人間によって、シロアリが「害虫」化されてしまったともいえるだろう。

ヤスデ

場所　石の下、枯れ葉の下
時期　3～11月
食物　腐った植物や菌類

ヤスデは庭の「不快害虫」の代表格で、冤罪度はナンバーワンかもしれない。脚がたくさんあるからか、気持ち悪がられる。だが、腐った葉や枯れた葉を食べて分解してくれている。

まれに、キシャヤスデが線路に大量発生して列車をスリップさせることがある。庭でよく見るヤケヤスデは危険を感じると体を渦巻きに丸めたり、タマヤスデはダンゴムシのように丸くなったりする。いずれも分解者として重要な役目をもっているので、見た目だけで嫌わないでほしい。

ヤケヤスデ　20mm

column

マクラギヤスデ

アカスジキンカメムシとかタマムシとか、カッコいい系の虫も好きだが、図鑑にも載っていないような地味系の虫もけっこうおもしろい。ある庭でマクラギヤスデを見つけた。虫好きの友人は、「近未来と原始が一体化したようなヤツ」と、うまい表現。

このマクラギヤスデ、あまり図鑑などにも載っていない。というか、図鑑はほとんどヤスデなんて相手にしていない。だから、見つけたときは、「なんだコレ？」と思ったのだが、この不思議な形に魅せられて、さっそく撮影。動きもとてもゆっくりと優雅で、美しい。なんでも、形が枕木に似ているからこの名前がついたそうである。大発生して汽車を止めたことがあるヤスデもいて、そちらはキシャヤスデと呼ばれる。

ちなみにヤスデ類は腐植土や菌類を食べる分解者。つまり、よい土をつくってくれるありがたい生きものなのだ。

マクラギヤスデ
15～20mm

ダンゴムシ

場所 朽ち木、石、枯れ葉の下、堆肥のなか
時期 2～11月
食物 腐った植物や落ち葉
さわると体を丸める

庭の「不快害虫」としてすぐに名前をあげられてしまうのが、ダンゴムシ。植木鉢の底などに集団でいるためか、大切にしている植物の葉を食べていると誤解され、悪者扱いされてしまう。ダンゴムシ専用の殺虫剤まで、園芸資材コーナーで売られている。

だが、人間に危害を加えることはなく、腐った葉や枯れた葉を食べて分解し、土を豊かにしてくれている。日本で見られるオカダンゴムシの寿命は約3～5年。小さな体のわりには長生きだ。鉛・カドミウム・ヒ素などの毒物を食べて土壌をきれいにしている。

ダンゴムシは地表にいるだけでなく、高木にも登っていく。カシの高垣（カシの木の枝を誘引し、長い年月をかけて高い塀のようにした生け垣のこと）を剪定していると、Yの字になった枝の股にダンゴムシがたくさんいて、股の部分にたまった枯れ葉を食べていた。長期間木の枝に枯れ葉が腐ったまま残ると、カビが生えやすくなったり、樹皮の形成を妨げたりしてよくない。それをダンゴムシが分解して取りのぞいてくれていたのだ。

ダンゴムシは名前に「ムシ」とついているが、じつは、エビやカニの仲間で、節足動物門甲殻綱等脚目という「じゅげむ」のような名前の分類に属している。

庭でよく見るオカダンゴムシを日本に昔からいる固有種だと思う人もいるが、日本には大正時代ごろにやってきたといわれている。北海道にもいるらしいが、現地の友人たちに聞くとワラジムシはよく見るがダンゴムシは札幌以北ではほとんど見たことがないという。

対処法

ダンゴムシが大量発生するのは、分解されていない有機物がたくさんあるということ。落ち葉をそのままにしておくと、地表部分の風通しを悪くしたり、病原菌や「害虫」と呼ばれる虫たちの越冬場所になったりする。

築地書館ニュース

自然科学と
環境

TSUKIJI-SHOKAN News Letter

〒104-0045　東京都中央区築地 7-4-4-201　TEL 03-3542-3731　FAX 03-3541-5799

詳しい内容・試し読みは小社ホームページで！ https://www.tsukiji-shokan.co.jp/

◎ご注文は、お近くの書店または直接上記宛先まで

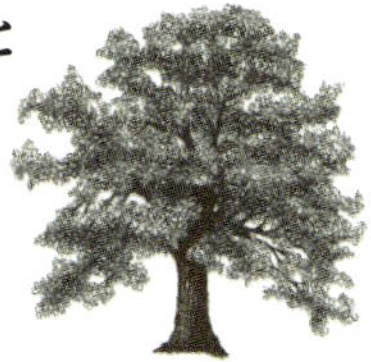

大豆インキ使用

朝日新聞・毎日新聞・読売新聞で「2024 年の 3 冊」に選ばれた本

土と脂《あぶら》　微生物が回すフードシステム

モントゴメリーほか［著］
片岡夏実［訳］　3200 円＋税

内臓にある味覚細胞、健康な土、身体に良い脂肪・悪い脂肪から、コンビニ食の下に隠された飢餓まで、土にいのちを、作物に栄養を取り戻し、食べものと身体の見方を変える本。

◉毎日新聞／中村桂子氏選

脳を開けても心はなかった

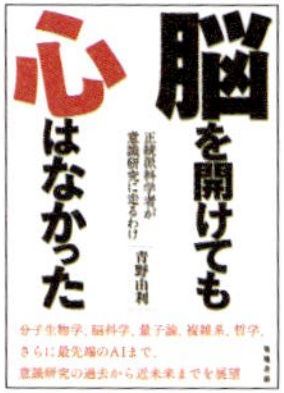

正統派科学者が意識研究に走るわけ

青野由利［著］　2400 円＋税

ノーベル賞科学者に代表される正統派科学者が、脳と心の問題にハマるのはなぜか。分子生物学、脳科学、量子論、複雑系、哲学、最先端の AI まで、意識研究の近未来までを展望。

◉毎日新聞／村上陽一郎氏選

計測の科学　人類が生み出した福音と災厄

ジェームズ・ヴィンセント［著］
小坂恵理［訳］　3200 円＋税

ザトウムシ　ところ変われば姿が変わる森の隠遁者

鶴崎展巨［著］　2400 円＋税

森で見かけるクモのようでクモでない

脳と心の本

庭仕事の真髄 老い・病・トラウマ・孤独を癒す庭

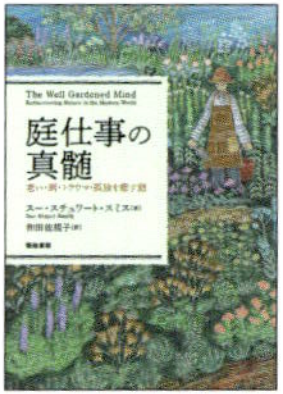

スー・スチュアート・スミス［著］
和田佐規子［訳］ 3200円＋税
人はなぜ土に触れると癒されるのか。庭仕事は人の心にどのような働きかけをするのか。庭仕事で自分を取り戻した人びとの物語を描いた全英ベストセラー。 ◉1万部突破！

脳科学で解く心の病

うつ病・認知症・依存症から芸術と創造性まで
カンデル［著］ 大岩（須田）ゆり［訳］
須田年生［医学監修］ 3200円＋税
ノーベル賞受賞の脳科学の第一人者が心の病と脳の関係を読み解く。
◉たちまち3刷！

植物と菌類と人間をつなぐ本

森のきのこを食卓へ

里山で、家で、おいしく楽しむ小規模栽培
増野和彦［著］ 2400円＋税
日本全国の森で野生きのこを集めてきた著者が「小規模でもキラリと光る」きのこ栽培のノウハウを大公開し、おいしいきのこ生産の手順を徹底解説。

枯木ワンダーランド

枯死木がつなぐ虫・菌・動物と森林生態系
深澤 遊［著］ 2400円＋税
微生物による木材分解のメカニズム、枯木が地球環境の保全に役立つ仕組みまで、枯木の自然誌を軽快な語り口で綴る。 ◉大増刷！

もっと菌根の世界 知られざる根圏のパートナーシップ

齋藤雅典［編著］ 2700円＋税
80％以上の陸上植物は菌根（きんこ

菌根の世界 菌と植物のきってもきれない関係

齋藤雅典［編著］ 2400円＋税
ラン、マツ、コケ・シダ――多様な菌

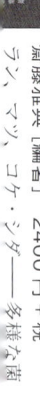

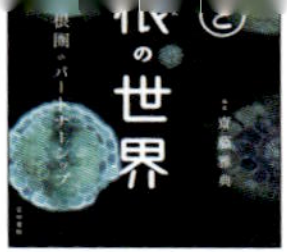

億年以上前から続くパートナーシップと、自分に利益をもたらさない相手には容赦なく制裁を加えるシビアな世界を、気鋭の研究者12名が紹介する。

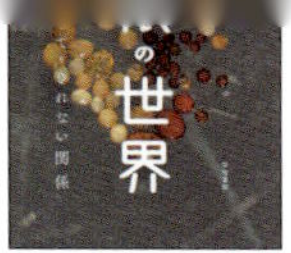

果、菌根菌の農林業・荒廃地の植生回復への利用をまじえ、日本を代表する菌根研究者7名が多様な菌根の世界を総合的に解説する。　◉6刷！

動物と虫をもっと好きになる本

先生、イルカとヤギは親戚なのですか！

鳥取環境大学の森の人間動物行動学

小林朋道［著］　1600円＋税

幼いころ飼っていた愛犬トム、調査実習で出合ったモモンガ、街で暮らす鳥たち、イルカとヤギ、モモンガグッズ、ゼミ生作のビオトープで暮らす生き物たちに思いをはせる全7章。

先生、シロアリが空に向かってトンネルを作っています！

鳥取環境大学の森の人間動物行動学

小林朋道［著］　1600円＋税

子モモンガに協力してもらった実験の結果や、ヤギの群れのリーダーが意外なヤギに決まった話など、疲れていてもクスッと笑える動物エッセイ全6章。

ネコ学

あなたの猫と最高のコミュニケーションをとる方法

クレア・ベサント［著］

三木直子［訳］　2400円＋税

英国の慈善団体インターナショナル・キャットケアの最高責任者を長年務めた著者が、行動、しぐさからトイレ、食事まで、ネコのすべてを1冊にギュッと凝縮。

一寸の虫にも魅惑のトリビア

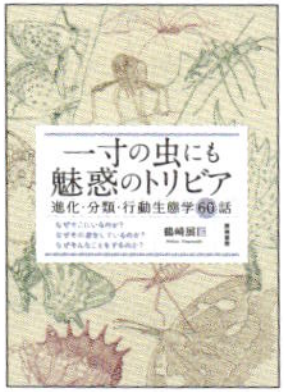

進化・分類・行動生態学60話

鶴崎展巨［著］　2200円＋税

身近な虫もレアな虫も、小さな体にきらめく進化の妙。むずかしくはないが深い話、知る人ぞ知る虫知識を、世界的なザトウムシ研究者が虫への愛情たっぷりに紹介。

価格は、本体価格に別途消費税がかかります。価格・刷数は2025年1月現在のものです。

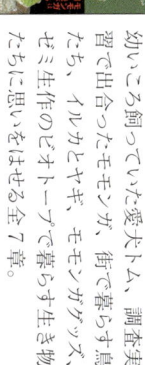

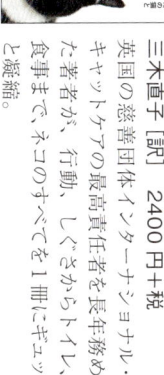

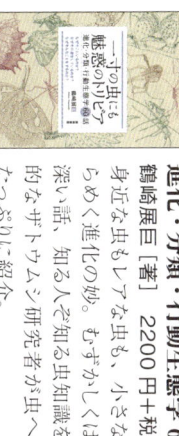

に深く関わっているかだけでなく、計測の歴史が、人類の知識の探究をどのように包み込み、形作ってきたかを、余すところなく描く。

◉読売新聞／為末大氏選

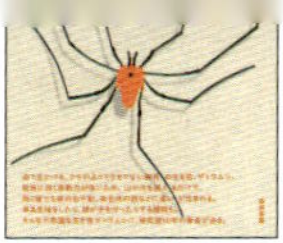

殖をしたり、雄が子を守ったりする種類もいる。その研究に50年を捧げた世界的なザトウムシの権威による、ザトウムシの本。

◉朝日新聞／小宮山亮磨氏選

自然界の仕組みに迫る本

饒舌《じょうぜつ》な動植物たち

ヒトの聴覚を超えて交わされる、クジラの恋の歌、ミツバチのダンス、魚を誘うサンゴ

カレン・バッカー［著］

和田佐規子［訳］　3200円＋税

ヒトには聴こえない音を聴き取り、意味を解析する研究が進んでいる。生命が奏でる音の多様性を描いた1冊。

立体と鏡像で読み解く生命の仕組み

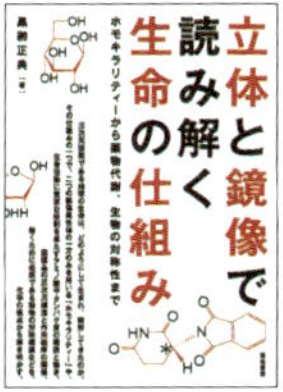

ホモキラリティーから薬物代謝、生物の対称性まで

黒柳正典［著］　2400円＋税

地球における生命繁栄の仕組みの一つであるホモキラリティーや動物の対称構造などを、化学の視点から解き明かす。

互恵で栄える生物界

利己主義と競争の進化論を超えて

オールソン［著］　西田美緒子［訳］

2900円＋税　◉福岡伸一大推薦！

自然への理解と関わりを深め行動を起こした各地の研究者、農場主、市民たちを訪ね歩き、生物界に隠された「互恵」をめぐる冒険を描く。

ここがすごい！水辺の樹木

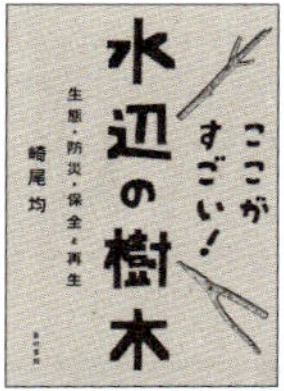

生態・防災・保全と再生

崎尾 均［著］　2400円＋税

河川開発によってその貴重な更新機会の多くを失った「水辺林」。本書では個々の樹種の生態から水辺林保護のポイントまで、水域と陸域のつながりを取り戻す理論と実践を解説。

未熟な堆肥や腐葉土がある場合も同じだ。枯れ葉は取りのぞくか、堆肥化して庭に戻し、使用する堆肥は完熟したものを使う。ダンゴムシ自体は分解者なので、そのままにしておけばよい。

枯れていない花や葉、野菜を食べるという報告もあるので、今後確認していきたい。

脱皮中のオカダンゴムシ
セーターとズボンを脱ぐように、体の半分ずつ脱皮する。左半分の濃い色の部分が脱皮後、右半分のグレーの部分はこれから脱皮する。

オカダンゴムシ
10〜14mm。さわると体を丸めて団子のようになるのでこの名前がついた。オスと比べてメスの背面には模様が多い。左下は丸まったところ。

column

木の元気がなくなる原因 樹木医さんに聞いてみた

「虫に葉っぱを食べられて、木が枯れてしまいました」と言われることがよくある。それって、ほんとうだろうか？　そこで、樹木医の岩谷美苗さんに聞いてみた。

すると、木が枯れる原因の多くは「●根の酸欠　●剪定のしすぎ　●乾燥　●被圧（密植・建物のそば）」であることが多く、それもそのうちのひとつではなく、複数の原因が重なっていることが多いとのこと。

さらに、岩谷さんは「樹種の個体のもつもともとの性質もあるし、根を切られたり、枝葉を多く切られたりして免疫力が低下して枯れることもあります。食害する虫が原因であるとしたら、その虫の量が大量である場合や、外来種の場合は天敵がいませんから、食害し放題の場合には、木が弱りますね」とも話してくれた。

弱った状態の木には食害する虫がつきやすく、それがとどめの一撃になってしまうのかもしれない。だから、「虫が原因」で、弱ったり枯れたりすることは、ほぼないという。「虫のせいで枯れた」というのは、虫のことを嫌いすぎての冤罪かもしれない。

ワラジムシ

場所　朽ち木、石、枯れ葉の下、堆肥のなか。本州の中部以北と北海道に生息
時期　2～11月
食物　腐った植物や落ち葉
ダンゴムシより体は扁平。さわっても体を丸めない

ダンゴムシと似ているが、もっと平べったい感じで光沢もなく、ダンゴムシはさわると体を丸めるが、ワラジムシはさわっても体を丸めない。

湿り気がないところはダンゴムシよりも苦手。つまり、ダンゴムシよりもさらにじめじめした場所を好む。ダンゴムシより足は速い。

腐った葉や枯れた葉を食べて分解してくれている。湿ったコンポストボックスのなかにいるのは、ダンゴムシよりもワラジムシのほうが多い。

ワラジムシ
10～12mm。ワラジムシもダンゴムシと同じく、枯れた葉、腐った葉を食べて土に還してくれる分解者。

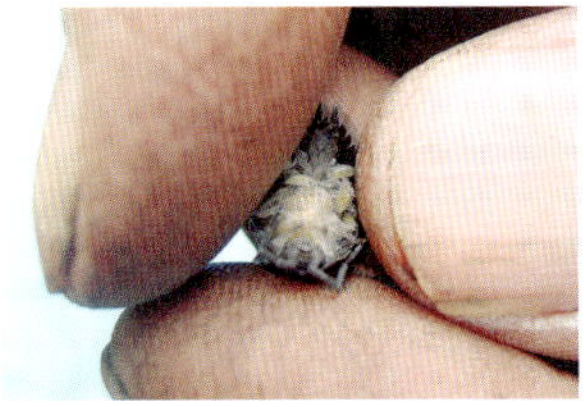

ワラジムシの孵化
ワラジムシはおなかのなかで卵をかえす。ダンゴムシも同じ。

イリドウイルスにやられているワラジムシ
プラスチックのおもちゃのよう。このウイルスにかかると、1～2カ月で死ぬらしい。
写真提供／島内徳子

ゲジ

場所　暗い湿ったところ
時期　7～11月
食物　生きている昆虫

通称「ゲジゲジ」と呼ばれているが、本名は「ゲジ」。

これまた脚が極端に長く多いので、嫌われる。だが、小さな虫、ゴキブリの卵や幼虫を食べてくれるので、家にいたらラッキーだ。人間を刺したりしないうえに、とても臆病で、人間と遭遇しようものなら一目散に狭いすきまに隠れてしまう。近年、家の機密性が増し、家で見ることは少なくなってきている。

脚は15対30本あるが、敵と遭遇したときには、自ら脚を切り離し、動く脚で注意をそらしている間に逃げるという荒技を使う。６年前後生きるといわれている。わが家では生ごみコンポストのなかにたくさんいて、いろいろな虫を捕獲している。

私には動き方も色もきれいだと思えるので、「イギリスのアスコット競馬場で貴婦人のかぶる羽根飾りのついた帽子みたい」というと、あまりに長い形容詞と突拍子もないたとえに、笑われることが多い。

天敵としてぜひ見直してほしい虫のひとつだ。

対処法

庭にいる場合は放っておけばよい。

家のなかでもそのままにしておけばよいと思うが、どうしてもいやなら、まず家の掃除をすること。なぜならばゲジは虫のたくさんいるところにいるからだ。ゴキブ

ゲジ
25～30mm。脚がたくさんある（15対30本）ので、嫌われてしまう。だが、人間に危害を加えることはいっさいないうえに、ほかの虫を食べてくれる。

リのフンやダニの好きなホコリを取りのぞくことがいちばん根本的な対処法である。そして、殺さないで、なんとかうまく捕獲し、外に逃がしてやってほしい。

脚を自切するゲジ
20mm。敵と遭遇したときには、自ら脚を切り離し（自切）、動く脚で注意をそらしている間に逃げるという荒技を使う。右上に1本切れた脚がある。

ムカデ

場所 石の下、朽ち木の下、落ち葉の下など
時期 4～11月
食物 生きている昆虫
天敵 ヘビ、トカゲ、ハチ、鳥、ヒミズ、ジネズミ

ムカデは肉食性でガの幼虫、クモ、ミミズ、ナメクジ、ヨトウムシなどを食べる。

ゴキブリなどを追いかけて家のなかに入ってきてしまうことがあるので、網戸をきちんと閉めておこう。

ムカデの毒は強烈なので、おそれられているが、ムカデのほうから好き好んで人間を襲ってくることはない。人間がそばにやってきて知らずに踏んだりするために、身を守りたくて人間を噛むのだ。

家のなかにいるのを見かけたら、湿気のある布団などが好きなので、ムカデのいやがるラベンダーを寝るときに布団の下に敷いておく。クスノキからつくった天然の樟脳《しょうのう》でもよいが、においがきつくて眠ることができな

いかもしれないので、あまりすすめられない。

家のなかでは風呂場や洗面所などの湿り気のあるところを好むようだ。夜行性なので、昼間はほとんど出てこない。

家のなかで遭遇したら、火ばさみでつまんで外へ出すか、最悪の場合はたたきつぶすしかないが、庭ではナメクジやヨトウムシなどを食べるので、ぜひいてほしい。

15センチほどの大きさになるのには3年ぐらいかかるといわれている。寿命は長いと7年ぐらいはあるともいわれ、虫のなかでは案外長生きだ。

無敵に思えるムカデにも天敵はいて、ヘビ、トカゲ、ハチ、鳥、ヒミズ、ジネズミなどには食べられてしまう。

アオズムカデ
60〜90mm。色がとても美しいムカデ。毒は強い。

アカムカデ
50〜60mm。アオズムカデは脚が21対だが、アカムカデは23対。

トビズムカデ
80〜150mm。日本で最大級のムカデ。庭ではナメクジやヨトウムシなどを食べてくれる。

逃げるトビズムカデ
遭遇すると、とにかくものすごい勢いで逃げていく。

対処法

網戸をきちんと閉めて開け放したところをつくらない。戸外に靴を置いている場合、はく前になかを確かめる。

天然のクスノキからつくられた樟脳やラベンダーオイルを家のまわりに置く。

家のなかにいる場合は、火ばさみでつまんで外に出す。なるべく殺さずに追いだすようにしたい。まわりにムカデがいるような環境なら、火ばさみを日ごろから身近に用意しておきたい。

噛まれたら、ポイズン・リムーバーで毒を吸いだす。ポイズン・リムーバーがない場合は、その部分を指で強くしぼり出すように押し、毒が出るようにして水で洗い流す。それからティートリーオイルを塗る。腫れて痛い場合やかゆい場合は、冷やすと血管が収縮し、血管のなかに毒が吸収されにくくなる。心配なら、病院へ行くとよい。

column

ムカデにかまれた!

一度だけ、ムカデに噛まれたことがある。10センチぐらいある大型のアオズムカデだった。

台所の湿ったタオルで手を拭いたら、そこにいた。熱い焼きゴテを押しつけられたような激しい痛みが一瞬バチッと走った。

すぐにポイズン・リムーバーで毒を吸いだして、ティートリーオイルを塗ったら、腫れもせず、翌日ほんのりかゆい程度ですんだ。ひどい場合はリンパ腺炎を起こしたり、発熱することもあるという。

ムカデは大声が嫌いらしいので、その後、私が起きている間は二度と姿を現わさない。

「ムッキー」という愛称をつけて、「私が寝てからゴキブリを食べにきてね!」と姿の見えないムカデに寝る前に大声で話しかけている。

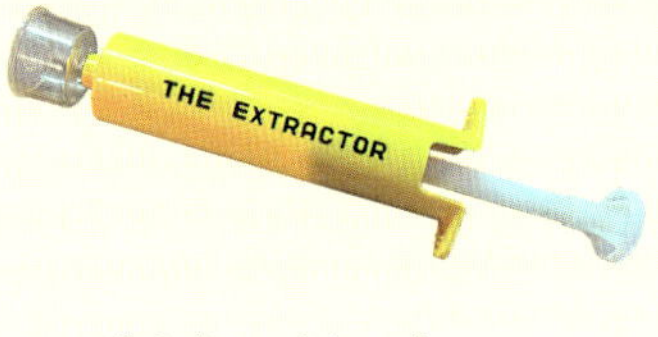

ポイズン・リムーバー

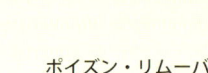

アオバアリガタハネカクシ

場所　湿った場所の地表や石の下など
時期　真冬をのぞいて1年中
食物　ウンカやヨコバイの仲間など
天敵　小鳥など

大きさは7ミリほど。春から秋にかけて活動。黒とオレンジのツートンカラーの、ちょっとカッコいい虫。だが、田んぼのまわりや湿った草地にいるので、都会ではなかなか見ることはないかもしれない。

不用意にさわると、体液にふくまれる毒（ペデリン）により皮膚炎を起こすため、別名「やけど虫」と呼ばれる。だから、決してつぶさないこと。

ウンカやヨコバイといった農業害虫を食べるため、農業者からは歓迎されている。庭でも茂っているところにハゴロモやヨコバイの仲間が発生することがあるので、庭でこの虫を見たら、さわったりしないで放っておいてほしい。地味で知名度の低い虫だが、もう少しみんなに知られてもいいような気がする。

成虫
体液にふれてしまった場合は、こすらず、すぐに水道水で洗い流す。

コウガイビル

場所 湿ったところ（石の裏、落ち葉の下、植木鉢の下など）
時期 不明
食物 カタツムリ、ナメクジ、ミミズ、小昆虫

ヒルと聞くと、おそらく吸血されるイメージをもつ人が多いことだろう。山のヤマビル、川のチスイビルがその代表だ。

ところが、本種は名前と裏腹にヒルの仲間ではない。

ある日の夕べ、風呂場に何やら黒いヌメッとしたものがいた。丸まっていたからぬるま湯を少しかけてみたら、少しずつ動いて形が変わり、コウガイビルだとわかった。頭が笄《こうがい》（髪飾り）の形をしていることから、こう呼ばれている。これは、吸血はせず、ミミズやカタツムリを食べるといわれているが、わが家の場合はナメクジを食べているようだ。だから風呂場などの湿ったところにいるのだと思う。

黄色くてスジのあるオオミスジコウガイビルが風呂場

オオミスジコウガイビル

風呂場にいたクロイロコウガイビル
ナメクジの大量発生は庭の生態系バランスが崩れていることを教えてくれるサイン。このコウガイビルも生態系のバランスを保つのに一役買ってくれたのだろう。

にいたこともある。なんとも優雅で美しい色と模様なのだ。思わず見入ってしまった。風呂場の割れたタイルのスジから出入りしていたので、「また遊びにきてね！」と言って見送ったが、それ以来風呂場では目撃していない。

家を建てて最初の5年ぐらいは、ナメクジがたくさんいた。南側に杉林の山があり、日当たりがめっぽう悪かったのだ。しかし、そのうちにアズマヒキガエルがすみつき、コウガイビルもいるようになったら、ナメクジは激減した。アズマヒキガエルの好物もナメクジなのだ。

このように、虫の生態を知ることで、危険なものとそうでないものを見わけられるようになる。「知る」ということは楽しいことだし、危険から身を守れるようになることでもある。

庭が多様であれば、「害虫」と呼ばれる虫たちの大発生を抑えることができる。それがオーガニックガーデンの醍醐味でもあるのだ。

カマキリ

場所 庭のいろいろな植物

時期 オオカマキリ　5〜11月(68〜95ミリ)
チョウセンカマキリ　5〜11月(60〜85ミリ)
ハラビロカマキリ　5〜11月(45〜71ミリ)

食物 生きている昆虫（バッタ、コオロギ、チョウやガの幼虫、ハエ、クモ、アブラムシなど）

天敵 鳥、ハリガネムシ

なんだか擬人化したくなるようなユーモラスな姿かたちで、それでいて動き方は妙に機械的だ。カマも迫力があり、子どもたちからの人気も高い。

カマキリの目は、複眼全体で光を集めることができるため、どこから見てもこちらを見ているように見える。

カマキリは庭を歩きながら獲物を探し、生きた昆虫や幼虫などを食べてくれる。しかし、テントウムシがアブラムシを食べるように、「害虫」だけを食べてくれるわけではなく、いろいろな生きものを食べてしまう。それでも、カマキリがいることで、ある種が爆発的に増えることを抑えるので役目は大きい。

あるとき、庭でスズメガの終齢幼虫を3時間ぐらいかけて平らげているのを見たことがある。種類まではわからなかったが、かなり大型のスズメガだった。

秋になると、カマキリの卵が目立つようになってくる。卵を産んで力つきていくメスもいる。なんと、しばらく使わないで軒下に置いてあった刈りこみばさみのハサミの部分に卵を産まれてしまったことがある。

カマキリの卵は卵嚢に包まれていて、ひとつの卵嚢のなかにだいたい200個ぐらいの卵が入っている。1匹のメスが産む卵嚢数は7個といわれるので、一生のうちに1400〜1500匹ぐらいの子どもを産むことになる。しかし、そのほとんどはほかの生物に食べられてしまい、成虫になれるのはわずか10匹足らず。庭を歩きまわるカマキリは、そんな厳しい自然界のなかを生きぬいてきたのだ。

オオカマキリ
♀約70mm。産卵間近で腹が大きい。

ハラビロカマキリ　幼虫
威嚇のポーズは尻を持ち上げる。

カマキリの脱皮殻
蝶のような変態はしないが、脱皮を繰り返して大きくなっていく。脱皮するときはさかさま。

オオカマキリの卵嚢の高層アパート
条件がいい場所には卵嚢が立体的に産みつけられることもある。

column

カマキリとハリガネムシ

秋になると、カマキリのお尻から黒い針金のようなものが出ているときがある。この正体はハリガネムシといって、カマキリの体のなかにいる寄生虫。

ハリガネムシの一生は、なかなか涙の旅物語なのである。

ハリガネムシは水中に産卵し、孵化した幼虫がカゲロウの幼虫などに寄生し、成虫になったカゲロウをカマキリが食べ、カマキリの体内に寄生し成虫になる。つまり、ものすごい遠回りをして寄生していることになる。

水中に産卵しても、カゲロウの幼虫などが食べてくれないとアウト。なんとか食べてもらったとして、その宿主をカマキリが食べてくれなければ、またもやアウト。よしんば首尾よくカマキリの体内に入れたとしても、カマキリの腹壁から体をのぞかせたときに、周囲が乾燥していると脱出できなくてアウト。だから、最後にカマキリが水辺へ行くように誘導するのだ。

カマキリが水辺にたどりつき、腹部が水に浸かると、腹腔を食い破って水中に泳ぎだす。水中で雌雄が出会って交尾し、また産卵するという一生を送る。

はぁ、なんとも効率が悪い……と、あきれるが、生きものの世界は、人間の好きな「効率」だけでは計り知れない何かを内包しているのかもしれない。

ハリガネムシ　写真提供／設楽清和

オオカマキリの卵嚢

このなかに200個ぐらいの卵が入っている。

捕食中のカマキリ

スズメガの幼虫を数時間かけて食べつくした。

センチコガネ

場所　地表、草むら
時期　6〜9月
食物　動物のフン

　生ごみコンポストでつくった堆肥のなかに、「フンころがし」そっくりな虫がいた。『完訳ファーブル昆虫記』（奥本大三郎訳）のなかに出てくる「スカラベ（フンころがし）」に顔といい手足といい、そっくり。

　この虫は「センチコガネ」（体長は約1・8センチ）。フンを引きずるそうだが、『ファーブル昆虫記』に出てくるスカラベのようにフンをころがしたりはしない。土のなかにフンをソーセージ状にして子育てするらしい。

　奈良公園にはシカのフン目あてに、よく似たオオセンチコガネがけっこういるという。センチコガネは、マナーの悪い人のいる犬の散歩道でも見かけることがある。

　ちなみに、この「センチコガネ」の「センチ」とは、雪隠《せっちん》、つまりトイレのことだともいわれている。原っぱや奈良公園もこの虫がいるおかげで、フンだらけにならないですんでいるのかも!?

センチコガネ
18mm。草食動物のフンも食べる。
個体により色が異なる。

ツヤエンマコガネ
7〜8mm。肉食動物や雑食動物のフンにくるフン虫の仲間。黄色い部分が動物のフン。
写真提供／伊沢正名

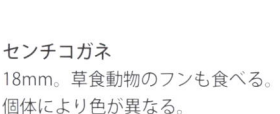

オオヒラタシデムシ

場所 地表
時期 3～9月
食物 動物の死骸

巨大なまっ黒のダンゴムシのようで、驚く人も多いこの虫は、オオヒラタシデムシの幼虫。

シデムシという名は、死肉を食べることからついた名前で、生きものの死骸のあるところなら、どこにでもいる。庭でも、ミミズや小さなトカゲなどが死んでいると、やってきてきれいに平らげてしまう「お掃除屋さん」。

案外大きな虫なのだが、生きものの死骸がないと現われないことと、人間の目線が行きにくい地表付近の生きものなので、気づきにくいのかもしれない。

ヒヨドリの死骸にオオヒラタシデムシの幼虫や成虫が群がって、1週間ほどで羽根以外はきれいに平らげてしまい、自然界のお掃除屋さんの威力を見せつけられたことがある。

幼虫
20mm。死肉を土に還す分解者。

成虫
18～23mm。アリとともに、死んだ鳥の肉を食べている。

爬虫類・両生類

虫ではないのだが、庭でとても心強い生きものたちのひとつに、爬虫類・両生類がいる。これらの生きものの種類は数がだんだん減っている。もし庭にいるのであれば、大事にしたい。

これらは、ガの成虫や蛹化するために樹上から土に降りてくるイモムシ、ケムシの幼虫などを食べてくれる。

また、夜行性のものが多いので、夜に活動するナメクジやヨトウムシも捕獲してくれる。

ミミズを捕食するヒガシニホントカゲの幼体
昆虫やクモなどを食べるが、ミミズも捕らえて食べている。

トカゲの卵
10mm。トカゲのたくさんいる庭で土のなかから出てきたのは、卵。

ヒガシニホントカゲの幼体
全長160〜250mm。トカゲは虹色に輝きとても美しい。近年、住宅街では数が減っている。

ニホンカナヘビの交尾
いつもならすばやく逃げるカナヘビも、このときばかりはどんなに近寄っても逃げなかった。

ニホンカナヘビ
全長160〜270mm。庭の王者の貫禄。トカゲのようなツヤはない。2mぐらいまでなら木にも登る。つかまりそうになると尾を自分で切って（自切）逃げる。

ムカシツチガエル
約50mm。わが家のスイレン鉢に産卵にきたツチガエルのメス。体中がいぼで覆われていて、通称イボガエルとも呼ばれる。ギュウギュウ、ギュウギュウと鳴く。

ニホンヤモリ
全長100〜140mm。インドネシアで見たヤモリは、灯火に飛んできた自分の体よりも大きいガを一瞬のうちにつかまえて食べてしまった。

ヘビのぬけ殻
ツゲの木に残されていたヘビのぬけ殻。全長1m以上はあった。シマヘビではないかと思われる。なぜ木の上にぬけ殻が？と思うが、枝や葉の出っ張りを利用して脱いでいくらしい。

シロマダラの幼蛇
約50cm。薪割り用の太い切り株をどけたらシロマダラがいた。灰褐色とくすんだピンクのなんとも美しいヘビ。トカゲやカナヘビを食べる。夜行性のため、このヘビは滅多に見られず、「幻のヘビ」ともいわれている。

アズマヒキガエル

場所 東日本にはアズマヒキガエル、西日本にはニホンヒキガエルがいる。庭の落ち葉や茂み、湿ったところにいる。
時期 2月ごろ冬眠から目覚めて繁殖期に入る
食物 地表にいるさまざまな昆虫、ミミズ
天敵 ヤマカガシ

アズマヒキガエルは、住宅地でふつうに見られる大型のカエルで、通称「ガマガエル」と呼ばれている。毒があるので、素手ではさわらないよう注意。また、ヤマカガシはアズマヒキガエルを食べることによって、毒を得るといわれている。

産卵の時期は関東だと2～3月。産卵後、虫が増えてくるまで土のなかで「春眠」するので、姿を見かけなくなる。色などは個体差が大きく、これが同じアズマヒキガエルか!?　と思うぐらい違うことも。

大好物はナメクジ。わが家は川のそばで湿り気があり、以前はナメクジだらけであったが、アズマヒキガエルが庭にすみついてからは、めっきりナメクジの姿を見なくなった。おなかの部分が枯れ葉などで湿っていれば生きられるので、水場がない庭にもすみついていることがある。枯れ葉は病虫害の越冬を助ける場合もあるが、アズマヒキガエルのために、一部の枯れ葉だまりのような場所をつくっておくのもいいかもしれない。

インセクトホテルなどをつくる際、下の部分に大きめの石をゴロゴロと敷いてやると、その隙間などにすみつく可能性が高くなる。

アズマヒキガエル
約150mm。ガマガエルとも呼ばれている。体中にいぼがあり、毒液を分泌し、天敵や病原菌から身を守っている。

ヒキガエルの変異
これはかなり青っぽい個体。

ヒガシニホンアマガエル

場所 田んぼ、池、庭先の水鉢などの水辺、森林の樹上
時期 3～11月
食物 小さな昆虫やクモ類
天敵 鳥、ヘビ、イタチやタヌキなどのほ乳類

クワッ、クワッ、クワッ……と鳴くのでおなじみのニホンアマガエル。日本の近畿地方から中国地方の間を境に東西で二つのグループに分けられ、東の集団はヒガシニホンアマガエルとして2025年に新種記載された。

大きさは2センチぐらいから5センチ近いものまでさまざま。基本はおなかが白く背中が黄緑色だが、環境によっては黒いまだら模様が出ているものもある。いろいろな昆虫を食べて生きている。ヒキガエルと同様、腹部で水分補給する。無農薬で育成されている田んぼなどに多い。だが、世田谷区で小さな庭をつくったときに、深めの水鉢を玄関先に置いて水生植物を入れたら、すぐに小さなアマガエルがやってきたことがある。いったいこの都会のどこにいたのだろう？　野生下でのアマガエルの寿命は3～5年。これを長いと見るか、短いと見るか？

ヒガシニホンアマガエル
40mm。アマガエルは違う種類かと思うぐらい大きさにばらつきがあり、約20～45mmまでさまざま。このカエルは40mmほどの大きさだった。まわりの環境によって、色が著しく変化する。

アマガエルの変異
約25mm。おもちゃのようにかわいいアマガエル。アマガエルは天気予報士。雨が近づくとしきりにクワックワッと鳴く。これは白っぽい個体。

鳥
鳥は、イモムシや
ケムシを食べてくれる、
とても頼もしい
オーガニックガーデンの助っ人。
ぜひ庭の常連客にしたいものだ。
そのためには、
日ごろの庭の環境を整えることが大切だ。

鳥は記憶力がよく、自分の活動範囲の情報をかなり正確にもっているといわれている。だからこそ、「ここの庭は居心地がいいぞ！」と思ってもらうことが大切だ。

鳥の好物は、なんといっても動物性のタンパク源であるイモムシやケムシ。農薬をまいていない庭には、鳥がよく訪れるようになる。鳥もオーガニックが好きなのだ。

秋口に実のなる木を植えておくと、鳥は好んで庭にやってくる。

column

イモムシを食べているのはだれ？

わが家のスダチにすみつくクロアゲハの幼虫は、終齢になると、毎日1匹ずついなくなってしまう。成長したアゲハの幼虫の写真を撮りたくて、楽しみにしているのに鳥かハチが食べてしまうのだろう。

一方、「害虫」が発生した！と農薬をまいてしまう家の庭には鳥がめったにこないので、毎年農薬をまくはめになる。

冬場の餌が少なくなったときには、バードフィーダーなどで、餌を用意する。

よく1年を通して餌づけする人を見かけるが、これはやめよう。

春から秋までは、虫などを自力でとってもらい、11～4月ごろまでの、イモムシ、ケムシ、ハムシなどの発生がないときのみ、餌を与える。

4月になったら、少しずつ餌を減らして、最終的には下旬までに打ちきる。いきなり餌をやらなくなるのは、鳥にとってむごい仕打ちなので、少しずつ減らす、ということがポイントだ。

野鳥に餌をいっさい与えてはいけないという人もいるが、人間の手で野生環境を減らしてしまった今、冬場だけでも生息環境を整える手助けは必要だろう。

留鳥*で都市部の住宅街などにも見られるシジュウカラは、巣箱をかけるとかなりの確率で営巣してくれる。

＊渡りをせず、1年を通してその地域に生息している鳥。

column

シジュウカラの巣

鳥の巣箱といえば、いちばんなじみ深いのはシジュウカラかもしれない。平均的なシジュウカラの巣は穴が28ミリ。経験的には巣穴の前に枝がないほうがいい物件らしい。わが家の巣箱の人気物件は、いつもシジュウカラとヤマガラが激しい空中戦の末、勝利を収めたものが使っている。

中には地面に置いたタヌキの置き物に巣をつくってしまうツワモノもいる。底穴がちょうど28ミリぐらいの植木鉢を伏せておいたら、そこで卵を産んで子育てしてしまったという話を聞いたことはあるが、タヌキの置物というのは初めてのことで驚いた。よくヘビに襲われなかったものだ。

通常の巣箱のなかでは、ハイゴケという蘚苔《せんたい》類と獣毛を敷き詰めたかなり厚いマットの上で子育てをする。獣毛は猫の毛だと柔らかすぎるのか、犬のほうが好みのようだ。ある人から聞いた話だが、シジュウカラが柴犬の背中にとまって毛をむしっているところを見たという。そこまでするのか、シジュウカラ！

営巣されたタヌキの置き物

ウグイス 留 13～16cm		春先に庭で鳴いている個体がいたら、それは近くのやぶで冬を過ごしたオス。子育てで山や森へ帰る直前のあいさつだ。しばらくさえずっていないので少し下手でも、すぐに上手に歌えるようになる。次の秋までを山や森のなかで過ごす。
ジョウビタキ 渡 14cm	 オス  メス	10 月に、ヒッ、ヒッ、ヒッ、カッ、カッ、カ、と聞こえたら、ジョウビタキが渡ってきた合図。オスは胸がオレンジ色で頭はグレー、顔も羽も黒く、白い模様が目立つ。人が地面を掘った場所で虫を探し、杭や木の枝にとまって食べる。
ツグミ 渡 24cm		シベリアからの渡り鳥で、冬の寒波とともに山から下りて庭に現われる。翼の茶色が鮮やかだ。開けた場所の地面にいるときは、身をかがめて走ったと思うと立ち止まり、胸を張って昆虫を探す。クィッ、クィッ。クワッ、クワッと鳴く。
レンジャク 渡 20cm	 ヒレンジャク	3 月、ヤドリギのついた木が何本か並ぶ河川敷に現われるぶどう色でぽっちゃりした鳥。尾羽の先が赤いのがヒレンジャク、黄色いのがキレンジャク。ヤドリギの実を食べて種まきをする。チリチリチリチリと鈴を振るような声で鳴く。
モズ 留 20cm	 オス  メス	百の舌と書いて百舌（モズ）。いろいろな鳥の鳴きまね名人。そして、トカゲやスズメまで捕まえる肉食の小鳥である。獲物を木の枝に刺した「はやにえ」は、冬の保存食でオスの美声を保つ栄養源となる。地声はキィーキイキイキイ。
ハクセキレイ 留 21cm		スズメくらいの大きさで、長い尾を上下に振るのが特徴。駐車場でもよく現われ、飛べないのかと疑ってしまうくらい道路も歩いて横断する。歩きながら常に食べ物を探している。 鳴き声はチチン！チチン！
キジバト 留 33cm		かつては山の鳥だったが、今は庭や街路樹などでも枝を編んだ平たくて粗い巣をつくる。ハトの仲間は、ピジョンミルクという特別な栄養食でヒナを育てる。春から夏以外の季節に繁殖することもある。鳴き声は、デーデーポッポー。

写真提供（キジバト以外）／土橋淳

庭にくる鳥

留は留鳥、渡は渡り鳥。おおよその体長と鳴き声を紹介しよう。

ツバメ 渡 17cm		3月〜4月ごろに渡ってきて、軒下やアーケードの骨組みなどに、わらと泥を混ぜた材料で巣をつくる。10月ごろには南へ旅立つ。1年に平均7羽のヒナを巣立たせる。 鳴き声はチュピッ、チュピッ。ツピッ、ツピッ。
シジュウカラ 留 15cm		黒いネクタイをしてグレーのスーツを着ているような姿。1年じゅう日本で暮らし、庭の木に巣箱をかけるとそこで子育てする。1羽が1年間で食べる虫の数は8万5千匹といわれる。 春には、ツーピーツーピーと大きな声で鳴く。
メジロ 留 12cm		「梅に鶯」といわれるが、じつは梅の木によくとまっているのは、メジロ。体色がうぐいす餅の色だからか、ウグイスと間違えられてしまうようだ。甘党で花の蜜も果物も大好き。アブラムシを食べているのを見たこともある。
ヒヨドリ 留 28cm		頭からしっぽの先まで27.5cmもある大きな鳥。ピラカンサやロウバイの実やハボタンの葉、ツバキの蜜、モクレンのつぼみも好き。くちばしは細いが、キンカンの実も丸飲みできる。 ピー、ピーヨピーヨと大きな声で鳴く。
ムクドリ 留 24cm		山吹色のくちばしと足が特徴。樹洞などで子育てし、土のなかの虫や木の実をとって食べる。近年、街路樹などで数百から数万羽もの集団でねぐらを形成し、鳴き声とフンで問題になっている。鳴き声は、キュルキュル、リャーリャー。
オナガ 留 37cm		関東地方を中心に生息する。水色の太く長い尾が特徴。同じ木に4つ5つ、カラスの巣に似た巣をつくる集団営巣を行う。親以外の個体が子育てを手伝うことがある。鳴き声は、ゲェーイ、ゲェーイ、ギョエー、ギョエーとにぎやか。

ペットボトルでつくったバードフィーダー
ペットボトルに、止まり木になる割り箸を挿しただけ。ペットボトルの下のほうに何カ所かハサミで穴をあけ、鳥がくちばしで餌を取りだせるようにしてある。

手づくりのバードフィーダー
カラスに入られないような高さに屋根をつけ、餌が雨でぬれないようにしてある。餌やりは餌のなくなる11～4月までにして、4月になったら徐々に餌を減らし、4月中には終了するようにする。

シジュウカラ用の巣箱
鳥によって、穴の大きさや深さが違う。わが家では、この巣箱で年に2回、ヒナが巣立っていった。

シジュウカラ
15cm。住宅街にも多く、人間に対する警戒心もあまり強くない。しかも、1年を通して見ることができ、イモムシやケムシを好んで食べる。鳴き声はツーピーツーピーで、姿は黒いネクタイをしているように見えるので、おぼえやすい。
写真提供／阿部浩志

ヒヨドリの巣と卵
ヒヨドリの巣の外側には、ビニールテープなどを使っているが、産座には化学製品はいっさい使っていない。

モズのはやにえ
モズは保存食・栄養食として獲物を枝に突き刺しておく習性をもつ。写真提供／土橋淳

カキ
鳥のために数個残しておくことを「木守り柿」という。

シジュウカラは木のうろに巣をつくるが、そのような場所は都会には少ないので、巣箱をかけると、かなりの確率で営巣する。秋から巣箱をかけておくと、前もって下見にくる。

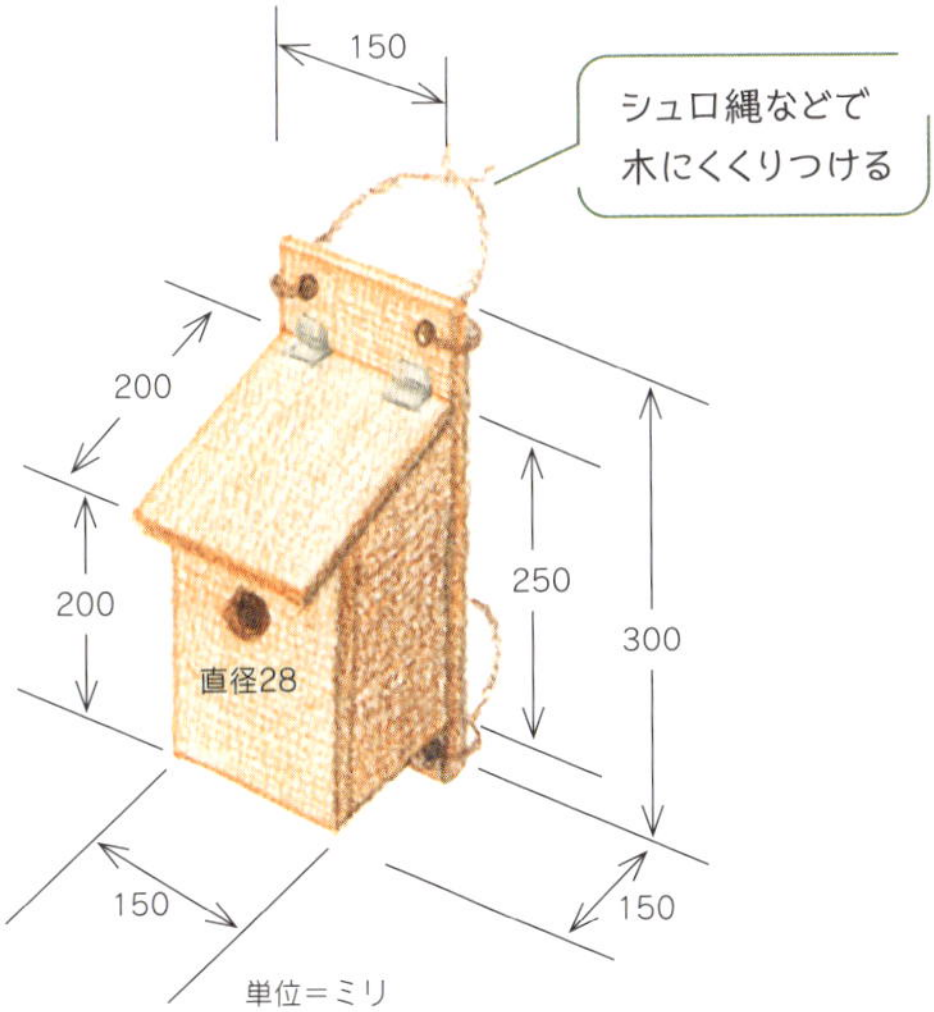
150
シュロ縄などで
木にくくりつける
200
200
250
300
直径28
150
150
単位＝ミリ

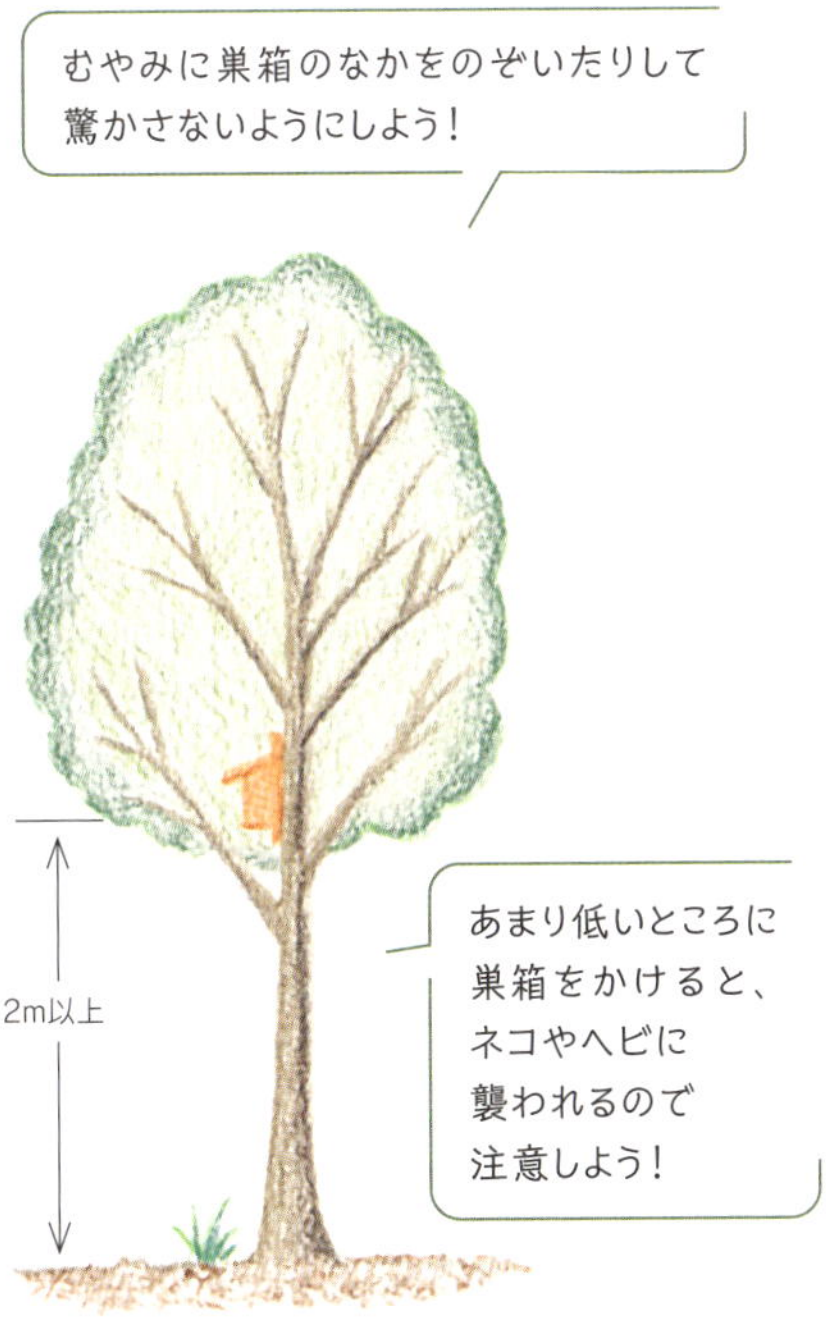
むやみに巣箱のなかをのぞいたりして
驚かさないようにしよう！
2m以上
あまり低いところに
巣箱をかけると、
ネコやヘビに
襲われるので
注意しよう！

column

シジュウカラの巣立ち

シジュウカラは、ツーピーツーピー、ツーツーピーピー、ツーピージュルジュルとかピチュピチュピチュピチュ、ツピツピツピなどと鳴く。

1回に平均して10個前後の卵を産むが、ヒナになるのは83パーセント、そのうち巣立てるものは65パーセントぐらいだという。

さらに、巣立ったあとの若鳥は上手に餌がとれないために餓死するなど死亡率が高く、無事に成鳥になれるのは8・5パーセント。卵を9個産んだとして、親になれるのはゼロか1羽。

わが家では11羽のヒナが飛び立つところを見ることができたが、そのうち親になれたのは、何羽いたのだろうか。

シジュウカラの巣
最後に5個のフンが落ちていた。飛び立つときにヒナたちも相当の気合が必要に違いない。しかし、立つ鳥はあとを濁すのか……。（卵の殻やそのほかのフンは、親が運びだしてきれいに掃除してあるため、基本的には巣は清潔だ）

植物を食べる虫

アブラムシやイモムシの大量発生は、庭の生態系バランスが崩れていることを教えてくれている。食害する虫たちのことを「害虫」と呼ぶことはたやすいが、アブラムシがいなくなればテントウムシがいなくなり、イモムシがいなくなれば小鳥がこなくなる。彼らは肉食の虫たちの餌となり生態系を取り戻す第一歩となってくれる「陸のプランクトン」なのだ。

アブラムシ

場所 種によって寄生する植物がほぼ決まっている

時期 春先から秋。夏は増殖を停止し、越夏型幼虫として夏を過ごす

食物 樹木や草花の新芽、つぼみなどを吸汁。虫こぶをつくることもある

天敵 テントウムシ、クサカゲロウ、ヒラタアブ、カマキリ、ハチ、クモ、鳥、オオメカメムシ、テンモンアブラコバエやショクガタマバエなどの捕食性バエ、アブラムシヤドリコバチやアブラバチ類などの寄生バチ

庭でもっとも嫌われるのがアブラムシだ。あらゆる植物に発生するが、種類によって好みが違い、この木にはこのアブラムシ、などと偏食するものが多い。なかには多種類にわたって食害する種もある。

とくに植物の生長点に密生し、バラなどはつぼみの部分などに多くいる。バラを育てている人にとっては、頭痛のたねの虫だろう。

日本だけでも７００種類以上が確認されている。時には、ひとつの植物に複数の種類のアブラムシが発生して

いるのを目撃することもある。1匹が1カ月で1万匹に増えるという報告*もある。

植物の新芽が大好きなので、4～5月ごろから目立つようになり、真夏は苦手らしく激減するが、それが過ぎて涼風が吹いてくるようになると、また新芽がのびてくるので目立つようになる。

繁殖力の強いアブラムシだが、雨は苦手。雨にたたき落とされるからというよりも、湿度が高いと活発になる微生物に寄生されるからだ。寄生されると体の表面が、たくさんの胞子に覆われ、死んでしまう。このような微生物を殺してしまわないよう、日ごろから殺菌剤などを使わないように注意したい。

アブラムシ自体が植物を吸汁することも問題だが、アブラムシを媒介とした縮葉病やすす病などの病気がまた困りものだ。

column

アブラムシは どこからやってくる?

「アブラムシが湧く」という人もいるが、何もないところから湧いたりすることはない。湧いたように見えるのは、翅のあるメスがまず最初にやってきて、卵を産み、翅のない子孫がクローンでどんどん増えていくからだ。

ある計算によれば、1匹のメスが産んだ子どもがすべて生き残ったとすると、1年後には、5240億匹の子孫が生じることになるという（『兵隊を持ったアブラムシ』青木重幸著 より）。

だが、自然界では生き残れる確率はほんとうに少ない。これはあくまでも1匹も死ななかったらという机上の計算。だから心配しなくても大丈夫。

トベラのすす病
アブラムシやカイガラムシが出す甘露をアリが食べきれず、葉に残った甘露にすす病菌というカビがつき、葉・枝・幹が黒くすすけたようになってしまう病気。
写真提供／天田眞

すす病とは、アブラムシが出す甘露をアリが食べきれず、葉に残った甘露にすす病菌というカビがつき、葉・枝・幹が黒くすすけたようになってしまう病気。

あまりにひどいと光合成を行なえなくなるので、酢を10倍ぐらいに薄めたものにボロ布を浸し、葉をふく。植物の下にタイルなどを敷いている場合、黒くなるので、気がついたら汚れが固定しないうちに掃除する。

これほど困るアブラムシだが、さわってもかゆくなったり痛くなったりするなどという被害はない。まれに兵隊アブラムシといって、皮膚を刺してくるものもいるが、飛び上がるような痛みはなく、ほとんど気づかない程度だ。

アブラムシのメスは秋に有性生殖するまでは、自分とまったく同じ遺伝子の「コピー」を5～10日間隔で産みつづけて世代交代していくので、農薬に対してすぐに耐性をもってしまう。実際、モモアカアブラムシなどは、化学合成農薬に耐

column

アブラムシはシェルターもつくる!?

左の白いものはエゴノキの花。右はなに？ なんとこれはアブラムシの虫こぶで、エゴノネコアシアブラムシ。

このようにアブラムシには、吸汁することによって植物の組織を変化させ、シェルターをつくるものもいる。この一つひとつの房のなかに、たくさんのアブラムシがいて、敵から身を守っている。

見つけたら、虫こぶをていねいに一つひとつハサミを使って除去するしかない。たくさんできている場合は、一人で除去すると見落とす可能性があるので、複数の人が交互に見るとよい。

エゴノキの花

エゴノネコアシアブラムシ

右側がアブラムシに寄生されたもの。たしかにネコの足のようだ。

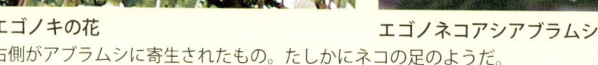

column

アリとアブラムシ

アリとアブラムシ

アリとアブラムシの共生関係は有名で、アブラムシの別名を「アリまき」という人もいる。だが、アブラムシと共生関係を結んでいるアリは、全体の4分の1ぐらいしかいない。

また、アリとアブラムシは共生関係だけでなく、捕食の関係にもある。アリは、アブラムシが増えすぎると食べてしまうのだ。「アブラムシ牧場」という人もいるが、まるで人間が家畜を飼っているかのようだ。

柑橘類についたアブラムシ

アベリアについたアブラムシ

ヤマノイモについたアブラムシ

アブラムシの被害、ウメの縮葉病
若い葉が不規則に縮れ、葉が展開するとともに縮れた部分が膨らんでいく。

寄生バチにやられたアブラムシのマミー
こんなに小さなアブラムシに、卵を産みつける極小の寄生バチもいる。これはツバキの葉についていた。マミーとは虫のミイラのこと。

性をもってしまっている。

庭に化学肥料を多量に施すと、窒素が多くなりアブラムシが大発生しやすいようだ。鉢植えで化学肥料を与えているものは、とくにアブラムシが発生しやすい。窒素が多くなると、葉に糖分が多くなり、アブラムシにとっておいしくなるうえに、アリを呼び寄せる甘露もつくりやすくなる。

農薬散布をしていないのに、ちっとも虫がいなくて、がっかりすることがある。とくにアブラムシがいないと、テントウムシだけでなく、ほかの生きものたちもあまりいなくなるということが、オーガニックの植木屋をやっているうちにだんだんわかってきた。

アブラムシはまず自分が植物を吸汁することによって糖分をつくり、アリを呼び寄せ、自分の体であるタンパク源をテントウムシやクサカゲロウなどに食べさせてくれている。いちばん最初に、植物をほかの生きものが生きていけるための形にしてくれている「陸のプランクトン」のようなものかもしれない。

対処法

●新芽がのびる時期は植物の生長点を注意して観察し、発生したらゴム手袋をはめた手でこそぎとる。
●牛乳スプレーは効果があるが、見た目が汚くなり、またにおいやカビが発生しやすい。
●海藻エキスをまく。
アブラムシに吸汁されている木の根元にぐるりとまくと、共生関係にあるアリがくるのを防ぐ。
●ニンニクごま油剤をかける。
多数発生していたものが死んだという報告も多く届いている。おそらく、石けんがアブラムシのおなかの気門をふさぎ、呼吸できなくなったのではないかと思われる。
●ニンニクごま油剤を、2~4月にかけて予防的に散布すると効果がある。
●アブラムシのシーズン中に、ニンニク木酢液をこまめにまいても効果がある。
●アブラムシを捕食するテントウムシなどの天敵を増やす。
●剪定の仕方を工夫し、日当たりや風通しをよくする。

アブラムシが大発生

2005年5月、アブラムシが大発生した6メートルのケヤキ
ナミテントウの幼虫がいたため、オーガニックスプレーを散布するのをやめてしばらく観察。

ケヤキにいたナミテントウ
しばらく様子を見ていたところ、ナミテントウが大発生。卵、幼虫、蛹、成虫と各段階のものが多数見られた。

1本のケヤキと生きもの
剪定した1本のケヤキにいたナミテントウの蛹の数をカウントしたら、なんと214個！3分の1の枝を剪定して落としたので、単純計算すると、このケヤキには蛹だけで650個ほどいたと推定される。そのほかにも、クモ、サシガメ（肉食のカメムシ）など、多種類の虫がいた（フィルムケースのなか）。

アブラムシは新芽を好むので、木をぶつ切りに強剪定すると、翌年爆発的に新芽がのび、アブラムシの大発生につながるとも考えられる。枝ぬき剪定などで、自然樹形をたもち、爆発的な成長をさせないようにすることも大切だ。

●コンパニオンプランツ（植物の根元にニラ、ショウガ、トウガラシ、ニンニク、キンレンカを植える）を試してみる。

●アブラムシが好きな色を利用した黄色い粘着シート型のトラップも売られている。逆にキラキラ反射するものを嫌うアブラムシの性質を利用して、シルバーテープを植物の近くに下げたり、シルバーマルチを地面に敷いたり、大事にしている植物の根元にアルミホイルを敷いて、アブラムシ除けに使う人もいる。

だが、収穫を目的とする菜園などではよいだろうが、庭で美観を損ねてまでアブラムシを退治する必要があるのだろうか？

＊高知県の松崎征美さんの調査。『アブラムシ　おもしろ生態とかしこい防ぎ方』（谷口達雄著）より

カイガラムシ

場所 種類によりいろいろな植物の葉、茎、幹
時期 年1回の発生から2～3回のものまでさまざま。おもに春～秋が活動時期だが、オオワラジカイガラムシなどは卵の状態で夏を越し、12月ごろに孵化して吸汁する
食物 植物を吸汁
天敵 寄生バチ、クサカゲロウ、フタホシヒメテントウ、タマバエ、ヒメアカホシテントウ、ベダリアテントウ、ハチ、鳥

公園や道路ぎわの植えこみの植物にはよくカイガラムシが発生しているのに、森のなかではほとんど見られない。これは、農薬散布や化学肥料の施肥、自動車の排気ガスの影響などにより、環境が悪化し、生態系がバランスを欠いている証拠。そんなことから、カイガラムシを「都市型の害虫」と呼ぶ人もいる。つまり環境を改善すればかなり防ぐことができるともいえる。

庭でよく見る代表的なものは、カメノコロウムシ、ツノロウムシ、ルビーロウカイガラムシ、タマカタカイガラムシ、イセリアカイガラムシ。これらはメスで、一生

イセリアカイガラムシ
5〜8mm。ナンテン、柑橘類、バラ、ボタン、シャクヤクなどでよく見かけるが、小さなソフトクリームに似ているので、すぐにわかる。天敵はベダリアテントウ。

ヒモワタカイガラムシ
♀3〜7mm。変わったところでは、リング状の卵嚢をもつカイガラムシもいる。

タマカタカイガラムシ
約4mm。ウメの木で見かけることが多いが、そのほかにハナカイドウなどのバラ科の樹木で発生しやすい。丸くて硬い殻をもち、色は茶色。

カメノコロウムシ
♀4mm。枝についているカメノコロウムシ（左）と枝からはがしたもの（右）。
案外しっかりくっついている。
写真提供／天田眞

を木に張りついたまま動かずに終える。そのため、比較的対処が簡単で、こそげ落とせばいいだけだ。

だが、時期によっては、メスの成虫の体のなかから、孵化幼虫が大量に這いだしてくることがあり、それらが次の世代のメス成虫として再び吸汁するので、こそげ落とす場合も時期や方法などに注意が必要だ。

カイガラムシがやっかいなのは、殻によって守られているので、オーガニックスプレーを散布しても、効きにくいこと。それは化学合成の農薬も同じことだ。農薬をまくと、カイガラムシ本体は生き残るうえに、土中の生態系が崩れて植物が弱り、かえってカイガラムシにとって吸汁しやすい環境をつくることになる。

アリと共生関係にあるので、アリがたくさんいたら、カイガラムシがいる可能性も高い。カイガラムシは吸汁してあまった糖分を排出し、その甘露を求めてアリがやってきて、カイガラムシの天敵を追い払う。甘露が植物の葉に付着して菌がつき、黒い粉をまぶしたようなすす病になってしまうこともある。

自然界では、カイガラムシが大発生して植物を枯らす、などということはほとんどないのだから、見た目の悪さや多少の枯れこみなどには目をつぶり、自然にまかせておけば、数年で沈静化してしまうこともある。

また、農薬に対して耐性(薬剤抵抗性)をもっているカイガラムシもいるので、農薬散布はやめたい。

対処法

●竹べらなどでかき落とす。

●春から夏にかけては、成虫のおなかに卵がいるので、かき落として成虫は死んでも、卵から孵化した幼虫が生き残って木に登ってくる可能性がある。暖かい時期にかき落とす場合は、下に新聞紙などを敷いてキャッチし、新聞紙ごと燃やしてしまうか、きっちりと密封し、ごみとして出す。

●イセリアカイガラムシは、竹べらではこそげ落としにくいので、一つひとつゴム手袋をした手で取ってつぶす。

●ニンニクごま油剤を、2~4月に毎月1回散布する。

●発生がひどい場合は、2~4月の散布に加え、6~7月にもニンニクごま油剤を毎月1回散布し、その合間にニンニク木酢液を定期的に散布する。ニンニク木酢液の散布は週1～2回ぐらいを目安に、庭の様子を見ながら決めるとよい。
●狭くて暗い、風通しや日当たりの悪い場所を好むので、剪定して、そのような環境を変えることが、根本的な対処法だ。

カイガラムシの駆除
ルビーロウカイガラムシはしっかりとくっついているので、このように先のとがったものでこそげ落とす。

チャドクガ

場所 ツバキ、サザンカ、チャ、ナツツバキ（シャラ）
時期 年2回（1回目4～6月、2回目8～9月）
食物 右記の樹種の葉
天敵 寄生バチ、鳥

ツバキやサザンカは常緑で、寒い季節に花が咲くので、よく庭に植えられる。だが、チャドクガが発生しやすいので、密生させて仕立てる生け垣にはしないほうがよい。風通しがよいように剪定しておけば、発生しにくいうえに、発生した場合でも初期に発見しやすい。

チャドクガは、チャ以外ではツバキがいちばん好きらしく、その次にサザンカ。ナツツバキ（シャラ）は大発生したときなどにつく程度。まれにビワにも発生すると園芸関係の本に書かれていることもあり、実際見たこともある。

健康なツバキやサザンカの場合、チャドクガの若齢幼虫の唾液と葉の成分がまじり合うと、ある種のにおい物質が出て、それが寄生バチを呼び寄せるという。寄生バチがこないのは、農薬をまいているか、木が弱っていてにおい物質を出せないということかもしれない。実験では、チャドクガの幼虫は集団を崩され1匹になってしまうと、摂食活動をやめてしまうらしい。

チャドクガの困るところは、人間に被害をおよぼすこと。毒針毛をもっているため、直接ふれなくても、近くを通っただけで風で漂ってきた毛にふれてかゆくなることもある。卵、幼虫、成虫、死骸までもが、ふれるとかゆくなるので、死骸や脱皮殻でも注意が必要（とくにアレルギー体質の人）。あまりにもかゆみがひどいときには、病院へ行ったほうがよい。

除去の時期

冬から春先にかけてと、7月下旬に葉の裏を調べて卵を見つけ、葉ごと除去する。

年に2回発生するので、4～6月と8～9月にかけてはよく注意して、毎日観察する。

若齢幼虫のうちは、集団でまとまっているので、除去しやすい。早期発見がカギである。

また、何度か行なう脱皮のさいにも動きが止まるので、除去するチャンス。

近年は発生が早く、関東では4月中旬から発生する場合もある。

発生期間が長いときもあり、4月から9月下旬までずっと発生していた年もある。気候などによっても発生時期は変化するので、冬になるまではよく観察する習慣をつけよう。

column

チャドクガを食べる鳥

カッコウ、ツツドリ、ホトトギス、ジュウイチなどの鳥は、托卵《たくらん》といってほかの鳥の巣に卵を産んでちゃっかりと育てさせてしまうずうずうしい鳥たちなのだが、これらの鳥は、ほかの鳥が食べたがらないケムシを好み、常食にしているという。

托卵系の鳥ではないが、コゲラやシジュウカラを解剖したら、胃のなかにチャドクガがいたという。

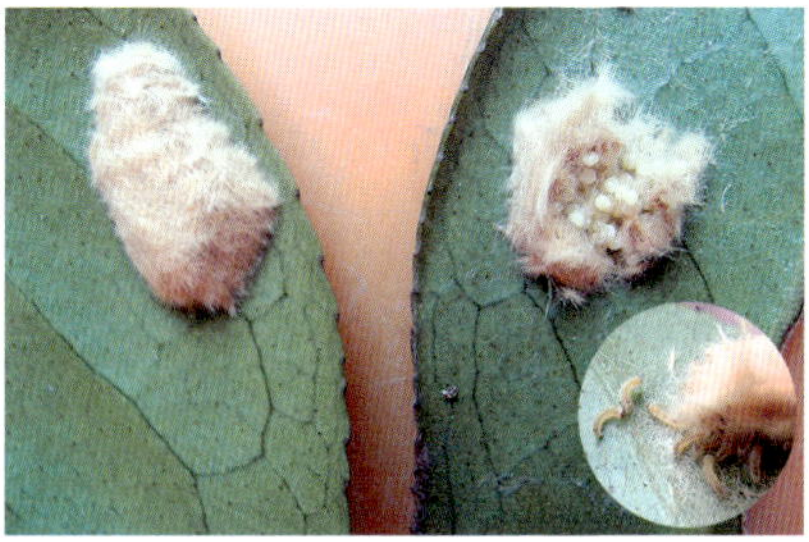

チャドクガの卵塊
約1cm。ふさふさしたフェルト状。成虫が卵を産んだ直後に毒針毛をぐりぐりとなすりつけるので、卵塊もさわるとかゆくなる。卵の状態で越冬するので、冬の間に見つけて処分する。右下はチャドクガ孵化直後の幼虫。

チャドクガ　幼虫
若齢幼虫のうちは、写真のように集団でいる。このときが除去のチャンスだ。発生時期にはこまめに庭を観察して、早期発見しよう。

チャドクガとフン
この写真のように、フンのある上の葉の裏がわに幼虫がいることが多い。

チャドクガ　成虫
15mm。薄暗いところにあるツバキなどには昼でも卵を産みにやってくる。

チャドクガの卵塊に入る寄生バチ
小さな寄生バチが卵塊に群がり、なかに出たり入ったりしていた。ガの卵に寄生するタマゴバチの仲間だろうか。

チャドクガに寄生した寄生バチの繭
イモムシやケムシの若齢幼虫に葉をかじられると、その唾液とかじられた葉の成分がまじり、警報フェロモンを出して、コマユバチの仲間を呼ぶ。健康な木でないと、フェロモンを出す力が弱くなる。円内はチャドクガに寄生する寄生バチの成虫。

column

毒針毛をもつケムシ

チャドクガのほか、モンシロドクガ、ドクガ、マツカレハなども毒針毛をもち、かゆくなるので注意が必要。だからといって、ケムシのすべてが毒をもっているわけではない。日本にいる約6000種のガのうち、ドクガは約10種。ごく危険なものだけおぼえておけば、あとは大丈夫。

対処法

首には必ず手ぬぐいなどを巻いて、ゴム手袋、フードつきの雨合羽などを着用して、チャドクガがついている枝ごと切り取る。

除去するさいに、ハサミの震動で散ったり、糸を吐いて葉から落ちていくので、丸く曲げた針金にビニール袋をセットして、下でキャッチできるようにする。ちりとりで直接キャッチしてもよい。

除去後は全身シャワーを浴びて、毒針毛を洗い流す。かゆいと思ったらすぐに、ティートリーオイルかラベンダーオイルを塗るとよい。

オーガニックスプレーを散布する場合は、1種類だけでなく、いろいろなスプレーをつくって試してみるとよい。ニンニク木酢液は効果が薄い。

《チャドクガ捕獲方》

チャドクガ捕獲の道具
針金を曲げて輪にする。

捕獲方法
その上からビニールをセットし、そのなかに、チャドクガのついている葉を切り落として入れていく。最後に足でビニールの上から踏みつぶして口をしっかり閉じて燃えるごみとして出す。

《キケンな毛虫たち》

キドクガ
ケヤキ、マンサク、リョウブ、ツツジなどを食べる。

ヒメシロモンドクガ
バラ科（ウメ、サクラ、ボケなど）の葉が好き。無毒といわれるが毛でかぶれることがある。

マツカレハ
マツを食べる。

ドクガ
ウメやサクラにいる。

人体に被害をおよぼす虫をおぼえよう

ケムシのすべてがかゆくなったり痛くなったりするわけではない。むやみにこわがらず、危険なものをおぼえ、さわらないようにすれば大丈夫だ。おもなものと発生する樹種、時期を紹介しておこう。★がついているものは有毒なのでとくに注意する。ヒメシロモンドクガは無毒といわれるがさわるとかぶれるので注意する。

★チャドクガ	ツバキ、サザンカ、チャ、 ナツツバキ（シャラ）	4〜6月 8〜9月
ヒメシロモンドクガ	サクラ、ウメ、ボケなどのバラ科	5〜10月
★モンシロドクガ	ニセアカシア、ライラック、クルミ	4〜9月
★マツカレハ	マツ類、ヒマラヤスギ	ほぼ年中発生
★ドクガ	きわめて多くの樹木の葉を食害	4〜9月
★キドクガ	きわめて多くの樹木の葉を食害	4〜9月
★イラガ	モミジ、カキ、サクラ、ウメ、クスノキなど。 ふれると痛い	6〜9月

イラガ類

場所 カキ、モミジ、サクラ、ウメなどの落葉樹、まれにクスノキなどの常緑広葉樹にも
時期 6～9月（幼虫）
食物 葉
天敵 イラガセイボウ（イラガイツツバセイボウともいわれる寄生バチ）、イラムシャドリバエ（寄生バエ）、ハチ、鳥、ハリクチブトカメムシ、キイロタマゴバチ、ヨコヅナサシガメ

アニメのキャラクター、ピカチュウや金平糖に似ているイラガは、さわると痛いので、「電気虫」などとも呼ばれている。チャドクガほど何日も不快感が続くことはなく、しばらくすれば痛みはおさまるが、不用意にさわらないよう、注意しよう。軍手をすると、かなり防げる。

カキやモミジ、ウメなどの落葉樹のふたまたに分かれた枝のところで、よくイラガの繭《まゆ》を発見する。落葉樹だけを食べるのかと思えば、常緑樹のクチナシの葉や大きなクスノキに大量についていたこともあったので、どうやら食草は幅広いようだ。

また、通常は樹幹や枝に繭をつくるが、アカイラガなどは、土中で繭になる。イラガといっても、その生態はさまざまである。

対処法

幼虫は割り箸やピンセットで捕殺。落葉したときに繭で越冬しているイラガを見つけて、細い枝ごと取りのぞいておけば、夏場の発生はかなり防げる。今まで、イラガが発生したことで枯れてしまった木を見たことはない。

天敵・イラガセイボウ

ヒロヘリアオイラガの若齢幼虫
「ピカチュウ」のような若齢幼虫。

ヒロヘリアオイラガの幼虫
金平糖のようでかわいいが、さわるとビリッと痛い。

ヒロヘリアオイラガによるキンモクセイの食害
穴はあけず、かじりなめる感じの食べ方。

クスノキに発生したヒロヘリアオイラガの幼虫
24～25mm。樟脳の原料になる香りの強いクスノキにも大発生した。写真は終齢幼虫。

イラガの繭
約10mm。イラガの繭は人間の指紋と同じように、ひとつとして同じ模様はない。枝先にこの繭坊主をつくるのは、ふつうのイラガ。ヒロヘリアオイラガは幹に繭をつくるので、もっと扁平な形をしている。丸のなかはイラガの幼虫（25mm）。

アメリカシロヒトリ

場所　あらゆる樹木。草花にはあまり発生しない
時期　6〜10月
食物　葉
天敵　クサグモの仲間、アシナガバチ、ヨコヅナサシガメ、鳥

雑食性が強く、サクラをはじめ、ウメやモモなどのバラ科の樹木、ケヤキやクワ、ハナミズキ、カキ、ナシなど、いろいろな樹木の葉を食べる。

北アメリカ原産のガで、日本には1945年第二次世界大戦後、占領軍とともにやってきた。そのときには、天敵がいなかったため、戦後長い間、桑畑や街路樹が壊滅的な打撃を受けた。だが、森のなかで大発生した例はなかったという。それは森林が多様性に富んでいるからではないだろうか。畑や街路樹に限らず、単一の植物を植えるのは、ある特定の虫が大発生しやすい環境をつくっているといえる。このことからも、お花見の客をあてこんで公園に大量に植えられたサクラや、公園や丘にいっぱい植えられたシバザクラ、バラ園などが農薬散布によって維持されていることは、想像がつくだろう。

1匹のメスが産む卵の数は約1200個。そのうち99・8パーセントが蛹になる前に天敵に捕食されたり病気になったりで死んでしまうという。

対処法

アメリカシロヒトリは、3齢までは天幕状に網を張り集団で生活するので、幼虫が分散する前の巣網を切除す

column

和風味になった虫

野鳥にくわしい人から聞いた話だが、日本に入ってきた当初、アメリカシロヒトリには天敵がいなかったので爆発的に増えたが、その後、だんだんと天敵が増えていったという。長く日本にいるアメリカシロヒトリが日本の木の葉を食べているうちに、和風味になり、日本の鳥たちが食べられるようになったのだろうか。

る。また、蛹で越冬するが、蛹は葉の上で灰色の繭を綴るので、これも除去する。

column

バラ科の樹木いろいろ

バラ科というと、バラの花を連想するが、樹木にもバラ科の仲間はたくさんある。サクラ、ウメ、モモ、リンゴ、ナシがバラ科といわれると、なんとなく共通項もあるような気がするが、じつはイチゴやビワもバラ科なのだ。

よく庭に植えてあるのは、サクラ、ウメ、モモ、アンズ、ボケ、ハナカイドウ、ウメモドキ、ヒメリンゴあたりだ。

ボケ、ハナカイドウ、ヒメリンゴなどは、赤星病になりやすいので、赤星病の宿主であるカイヅカイブキの近くに植えないこともポイントだ。

赤星病にかかった葉の裏表

幼虫

天幕を張り集団で食害する幼虫。

終齢幼虫

約30mm。多種類の木を食害するが、毒はないのでさわってもかゆくならない。

天敵のヨコヅナサシガメ

成虫

30mm。成虫は真っ白なものと、黒い点があるものとがある。

ナミアゲハ

場所 ミカン、カラタチ、ユズ、スダチなどの柑橘類、サンショウ
時期 3～10月
食物 柑橘類やサンショウの葉
天敵 捕食性のハチ（とくにアシナガバチ）、寄生バチ（アゲハヒメバチなど）、鳥、カマキリ、カエル、トカゲ、ムカデ、卵やごく若齢の幼虫であればアリ

あまりにもふつうに見られるアゲハなので、「ナミ（並みにいる）」という名前がつくチョウ。「アゲハチョウ」という場合は、このチョウを指すことが多い。明るいところを好み、飛翔しながら素早く卵を産んでいく。

幼虫は4齢までは色合いが鳥のフンにそっくり。5齢（終齢）になると、突然「ユーモラスなヘビ」のような姿になる。威嚇のために出す臭角《しゅうかく》はオレンジ色。

若齢幼虫の間は見つけにくいが、終齢になるとかなり大きくなってくるので、鳥などにも食べられてしまう。また、かなりの確率で蛹にアゲハヒメバチが発生する。そのため、羽化する姿を見られることは少ない。

対処法

幼虫は割り箸でつまんで、ビニール袋に入れて足でつぶす。大きくなると、つぶしたときの感触がつらいので、若齢幼虫のうちに見つけてつぶすほうが無難。

蛹になったら、もう葉は食べない。チョウに羽化するのを楽しみに待とう。

column

柑橘類は北風、西日を嫌う

実がなったら、つけたままにしないで収穫する。つけたままにしておくと、木が消耗して弱る。

そのほか、ハモグリバエなどに食害されたり、アブラムシを媒介にしたすす病などにかかりやすいので要注意。

だが、食べたり香りを楽しんだりできるので、環境があえば積極的に庭に植えよう。トゲにはくれぐれも注意を！

アゲハチョウの一生

卵　直径約1mm

若齢幼虫

蜜を吸う成虫　開張55mm

5齢（終齢）幼虫　55mm

ナミアゲハは庭の代表的なチョウといえる。幼虫は柑橘類などを食害するが、成虫は花の蜜を吸う。

クロアゲハ

場所　ミカン、ユズ、スダチなどの柑橘類、サンショウ
時期　4～9月
食物　柑橘類やサンショウの葉
天敵　捕食性のハチ（とくにアシナガバチ）、寄生バチ（アゲハヒメバチなど）、鳥、カマキリ、カエル、トカゲ、ムカデ、卵やごく若齢の幼虫であればアリ

ナミアゲハよりも日陰を好む。もし、庭の柑橘類にクロアゲハばかりが卵を産みにくるようなら、やや日当たりが悪いということ。

クロアゲハの幼虫も4齢までは鳥のフンにそっくりで、5齢（終齢）になると、ナミアゲハの幼虫と同じく「ユーモラスなヘビ」のような姿になる。しかも、1齢から5齢になるまでに体長は11倍にもなるという。それは1齢のときがいかに小さくて見つけにくいかということでもある。威嚇のために出す臭角は紅色。

クロアゲハが蛹になるまでに食べるミカンの葉は約25枚。健康に育ったミカンであれば、3～4匹の幼虫がいても、たいしたことはない。

わが家のスダチには毎年クロアゲハの幼虫が何匹か現われるのだが、ほとんどが成虫になる前にいなくなってしまい、今までに羽化を見られたのは2回だけ。アシナガバチや鳥に食べられたり、寄生バチにやられてしまうので、成虫になるのはとても難しいことなのだ。

column

アゲハの臭角のにおい

クロアゲハの幼虫の背中をなでたら、ニューと角を出した。これは臭角というもので、ふだんは皮膚の下にしまいこまれていて、いざというときに反転して飛びだしてくる。

目玉模様とこの角で、まるでヘビが舌を出しているように見えるのだが、クロアゲハはこうやって鳥を脅しているのだ。

そして、この角が出るときに、フルーツが腐ったような微妙な独特のにおいを出す。柑橘類やサンショウの葉を食べているから、こんなにおいを出すのだろうか？

対処法
ナミアゲハを参照→136ページ

若齢幼虫

5齢（終齢）幼虫　約55mm

威嚇のために臭角を出す終齢幼虫

羽化したばかりの成虫　開張80〜120mm

ナミアゲハと食草はほぼ同じだが、クロアゲハはやや日陰を好む。臭角もナミアゲハはオレンジ色で、クロアゲハは紅色。

キアゲハ

場所 ニンジンの葉、アシタバ、セリ、ミツバ、パセリ、フェンネル、ディル、レースフラワーなど
時期 3～11月
食物 右記の植物の葉や新芽
天敵 捕食性のハチ（とくにアシナガバチ）、寄生バチ（アゲハヒメバチなど）、鳥、カマキリ、カエル、トカゲ、ムカデ、卵やごく若齢の幼虫であればアリ

成虫はナミアゲハによく似ているが、幼虫の食べるものはまったく違う。ニンジン、アシタバ、セリ、ミツバなどを育てている家庭菜園や、パセリやフェンネルやディルなどのハーブ好きの人の庭にやってくる。ベランダのプランター栽培でも、パセリなど丸坊主にされることがある。

終齢になると、緑地に黒のラインと黄色いドットが目立ち、ぷくぷくと太ってくる。キアゲハの幼虫が発生している野菜やハーブは、農薬がかかっていないということで、安心して食べられる。

対処法
ナミアゲハを参照→136ページ

column

アゲハヒメバチ

アゲハチョウの蛹の後ろを見ると、丸い穴が……。

これは何かに食べられた痕なのか!?と思いきや、アゲハの幼虫に寄生するアゲハヒメバチという寄生バチ。

イモムシやケムシが蛹になるのは、0・2パーセントぐらいの確率だという。しかし、その狭き門をかいくぐってせっかく蛹にまでなったのに、羽化直前でアウトだとすると、成虫になれるということはほんとうに奇跡かもしれない。

アゲハヒメバチに中身を食べられてしまった蛹

若齢幼虫
3齢までは黒っぽい。

終齢幼虫
約50mm。ナミアゲハやクロアゲハとは模様がかなり違う。

成虫
開張70〜90mm。
写真提供／天田眞

キアゲハの食草のひとつ、ミツバの葉
葉の表面に白い小さな卵をいくつも産んである

ツマグロヒョウモン

場所 庭の花壇、草地
時期 4～11月ごろ
食物 スミレ類（野生種も園芸種も）
天敵 寄生バエ、寄生バチ、アシナガバチ、クモ、アリ、カマキリ、サシガメの仲間

ツマグロヒョウモンはガではなく、チョウの仲間。幼虫は黒字に赤のラインとトゲトゲで、ちょっとギョッとする見かけだが、毒はない。

ツマグロヒョウモンの食草はスミレ科の植物。ほかのヒョウモンチョウは野生のスミレを好むが、ツマグロヒョウモンは園芸種も食べる。冬の花壇の花というと、パンジーやビオラがメインなので、庭に園芸種のスミレ科を植えている人も多いだろう。そのせいか、ツマグロヒョウモンは都市部でもよく見かける。もちろん、野生のスミレも食べる。

私たちが若いころは、この蝶を見ることはなかった。調べてみると、1980年代までは近畿地方以西にしかいなかったそうだが、どんどん北へと勢力を拡大しているという。

成虫を見れば、きっと見たことがあるという人が多いだろう。それぐらい、ふつうに飛んでいる。オスとメスで柄は異なる。

幼虫

メス

オス

成虫。幼虫はスミレの仲間や、園芸種のパンジーやビオラを食害する。　写真提供／土橋淳

モンシロチョウ

場所 アブラナ科の植物（カブ、カリフラワー、ブロッコリー、キャベツ、ハクサイ、コマツナ、チンゲンサイなど）、ゼラニウム、ロケット、クレオメなど
時期 5〜11月（とくに5〜6月）
食物 葉
天敵 アオムシサムライコマユバチ、鳥、ハチ、卵や小さい幼虫のうちはアリやクモなど

アブラナ科の植物、おもにキャベツ、ダイコンや菜っぱ類の野菜に卵を産みつける。家庭菜園をやっている人にとっては、頭を痛める虫だ。だが、視点を変えれば、モンシロチョウの幼虫が発生している野菜は、農薬がかかっていないということで、安心して食べられる。

また、農薬を使用しないでいれば、天敵である寄生バチのアオムシサムライコマユバチがやってきてくれる。

アブラナ科の野菜を植えるときは、コンパニオンプランツを試してみるのもよい。ラベンダー、ローズマリー、セロリなどがコンパニオンプランツとして知られている。

幼虫
約28mm。アブラナ科の野菜が好物だが、結球する前の若い葉には発生しにくい。

成虫
開張40〜50mm。

アオムシサムライコマユバチの寄生
寄生バチなどの天敵も多い。薄黄色のものがアオムシサムライコマユバチの繭。
写真提供／三田常義

クローバーを一緒に植えるとモンシロチョウが発生しにくいともいわれている。

　コンパニオンプランツは、その庭や菜園の土の状態や周囲との環境の関係から、必ずしも効果があるとは限らないが、いろいろとチャレンジしてみると、新しい発見があるだろう。

対処法

　予防としては、朝露の残っている葉に草木灰を薄くまいておく。

　１００倍に希釈したニンニクごま油剤をまいて、卵が孵化しないようにする。

　発生してからは、割り箸などで捕殺する。

食草のブロッコリー
下は幼虫のフン。

モンクロシャチホコ

場所 サクラ、アンズ、リンゴ、まれにビワ
時期 8〜9月
食物 葉
天敵 幼虫のときは、鳥やハチやカマキリ。蛹になるときに土に潜るので、地面の近辺にいる肉食性の虫や生きもの（カエル、トカゲ、サシガメ、オサムシなど）

　若齢幼虫のときは、なぜこの名前がついたのか不思議に思うが、終齢になるとシャチホコよろしく姿をコの字にするので、なるほどと思う。

　サクラの「害虫」として有名で、そのために公園や街路樹のサクラには農薬が散布されてしまう。なかには発生前に「予防」と称して散布する場合もある。集団でいて食害も激しく、終齢になるまでは赤黒くて気味が悪いので、嫌う人も多い。終齢になると体は黒くなってきて、金色の毛が目立つようになる。

　初秋に発生して葉を食害するが、木は春先から光合成をしているので、よほどのことがないかぎり、木が枯れることはない。モンクロシャチホコに食害されたぐらいで枯れるような木は、根が弱っていたり、ほかの要因が重なっていることが考えられる。公園などでは多くの人に根を踏まれて弱っていること、桜並木の街路樹ならば多様性がないこと、などが考えられる。

対処法

●8月の終わりから9月にかけて年に1回だけ発生するので、そのころによく観察して割り箸で除去する。

●若齢幼虫のときは集団でかたまっているので、高枝ばさみなどで枝ごと切り取る。

だが、サクラの場合、ほとんどが大木で、取りきれないことが多い。なるべくアシナガバチや鳥にきてもらえるように、日ごろから農薬をまかないで自然の力にまかせることが大切。

街路樹や公園などで、虫が発生していないのに「年間防除」と称して農薬散布をするのは、天敵たちを殺してしまうだけで、毎年モンクロシャチホコの発生を呼びこむようなものだ。

ソメイヨシノ

モンクロシャチホコが発生しやすいため、公園や街路樹などでは農薬が散布されることが多い。

column

成虫になれるのは0・2パーセント!?

虫が産んだ卵は、すべて成虫になると思っている人もいるが、じつは成虫になるのはとても難しい。ガの幼虫などは産んだ卵のうち、成虫になるのは0・2パーセントぐらいともいわれている。天敵に食べられたり、寄生されたり、菌やカビなどで死ぬものもある。

幼虫（2齢か3齢ぐらい）
サクラ、アンズ、リンゴに発生するが、とくに好むのはソメイヨシノだ。割り箸でつまんで捕殺するが、放っておいても天敵に捕食されしだいにいなくなる。木が丸坊主にされても、翌年には新芽が出る。

終齢
約50mm。ほかの毛虫たちが新芽を好むのにくらべ、秋を目前にして硬くなった葉を好んで食べる。ふれても人体に害はない。花芽まで食害するので、翌年の花が少なくなることがある。

食害中のモンクロシャチホコ
せっせとソメイヨシノを食害する幼虫。

脱皮殻

成虫

テングス病
ほうき状に爆発している枝の塊がテングス病にかかっている枝だ。いくつも見られる。
写真提供／伊東幸男

column

クローン樹木

サクラにはいろいろな種類があるのだが、公園などに植えられているのは、ほとんどがソメイヨシノだろう。ソメイヨシノは1本の木から接ぎ木をして増やされているので、全国のソメイヨシノはいわばクローン。そのせいか、テングス病*が全国的に蔓延している。

サクラの寿命はあまり長くなく、60～80年ぐらいといわれている。だとすると、戦後の復興期などにいっせいに植えられたサクラは、そろそろ枯れてしまうか、病虫害が発生する可能性がある。木にも寿命があり、不老不死ではない。

＊テングス病は、菌の胞子で感染する伝染病の一種。いろいろな樹種で見られるが、とくに目立つのがサクラ、それもソメイヨシノが多い。テングス病にかかったサクラは、枝の一部がコブ状に膨らんで大きくなり、そこから枝が多数出てほうき状に枝が密生して葉ばかりが茂り、その様子を天狗が巣をつくっている様子に見立て「天狗巣病」という名前がついた。病気のある枝には花が咲かないばかりでなく、10年以内に枯れてしまう。樹木全体がダメージを受け、枯れた部分から腐朽菌が侵入し、樹木全体がダメージを受け、枯れる原因となってしまう。この病気は伝染するので、早めに切り取って焼却処分する。

column

サクラ切るバカ？

「サクラ切るバカ、ウメ切らぬバカ」ということわざのせいか、サクラを切りたがらない人が多い。サクラは切ると腐りが入りやすくなるし、花芽も少なくなる。ウメは逆に切ったほうが花や実つきがよくなる。……ということから、このようにいわれるのだろう。

だからといって、サクラも大きくなれば、電線にふれたり、隣家まで枝をのばしたりして、結局は太い幹を切らざるをえなくなる。毎年剪定して大きくしないようにすれば、太い幹を切る必要がないので、腐りも入りにくくなる。

青森県の弘前公園では、同じバラ科であり県の名産品でもあるリンゴの剪定技術を応用して、一房につく花数を増やし、寿命を延ばすことに成功している。樹齢１００年を超えるソメイヨシノが多くあるそうだ。古い枝を切り新しい枝にふりかえることで、樹形と樹勢を維持していくことができる。

植物の美しさを保つためには、ひとつの考えとらわれすぎず、試行錯誤しながらいろいろな方法を試してみることも大事なのかもしれない。

ツゲノメイガ

場所 ツゲ、ボックスウッド
時期 4～10月
食物 葉
天敵 ヨトウタマゴバチ（卵に寄生）、キイロタマゴバチなどの寄生バチ、アシナガバチ、カマキリ、鳥、ヒメアメンボ、アジアイトトンボ、網を張るタイプのクモ（成虫を食べる）、ハナカメムシ類（幼虫を食べる）

ツゲノメイガは、葉や枝の間に糸を張りめぐらし、そのなかで食害する。ツゲ以上にボックスウッドを好み、枯らしてしまうこともある。丸坊主にされて枯れてしまったように見えてもすぐにあきらめずに、次の春までは待ってみよう。案外また新しい葉を出してくることがある。

雰囲気が和風なツゲに対して洋風のボックスウッドは、ツゲよりも葉がやわらかい感じで、ガーデニングブームとあいまって一時期人気があり、生け垣にする人も多かった。だが、ツゲノメイガの大発生により、公園などでも新たには植栽しない方向になっている。
海外から入ってきた植物がブームとなり、いろいろなところで急激に増えると、病虫害にあいやすくなる。ツゲを食害する虫としては、マエキトビエダシャクもある。

対処法
ひたすらテデトール。

幼虫
35mm。

マエキトビエダシャク
20mm。ツゲノメイガ以外にツゲを食害する代表的なムシだ。

ツゲノメイガの食害
食害されたボックスウッド。

幼虫
糸を吐きながら食害中。

シャクトリムシ（シャクガ類）

場所　種類によりいろいろな樹種
時期　春〜秋。ユウマダラエダシャク（マサキを食害）は5〜6月をのぞいて1年中
食物　葉
天敵　キイロタマゴバチ、アシナガバチ、ジョロウグモ、コガネグモなど

いわゆるシャクトリムシの仲間。危険を察知すると、いい枝のふりをすることが多い。いろいろな種類がいて、いろいろな樹種に発生するが、大発生することは少ない。なかにはマサキに大発生して丸坊主にしてしまうユウマダラエダシャクなど、ある特定の樹種だけを好むものもいる。もし枯れるとしたら、虫害以前に、根が弱っていたり、生け垣など単一で密生させていることなどで、木が弱っているからではないだろうか。

対処法

たくさんいなければ、よく観察して楽しんでからもといた場所に放してやる。どうしてもいやなら、テデトール作戦。

トビモンオオエダシャク　幼虫
80〜90mm。枝のふりをするトビモンオオエダシャクの幼虫。ネコの顔みたい。

ウメエダシャク　幼虫
35mm。ビビッドな色模様。

オオゴマダラエダシャク　幼虫
50mm。宇宙から来た「ET」？　食草はカキ。出会うには、マメガキなどがねらい目。
写真提供／伊東幸男

セスジナミシャク　成虫
開張20〜30mm。モダンな抽象画のように美しいガ。

ヨトウムシ（ヨトウガ類）

場所 いろいろな野菜、草花
時期 4～11月の間で種によっていろいろ
食物 葉
天敵 アシナガバチ、ハナカメムシ類、ヨトウタマゴバチ、ウズキコモリグモ、ムカデ、カエルなど

「夜盗虫」と書くことからもわかるように、夜に活動して、葉を食害する。食べる植物は多岐にわたる。シロイチモジヨトウやハスモンヨトウなどは、多くの農薬に対して耐性を獲得しており、「難防除害虫」といわれ、防除が困難になっている。

夜行性なので、多くの虫の天敵であるハチや鳥などとは活動する時間帯が違い、見つけられにくい。それでも、アシナガバチなどはヨトウガ類の幼虫を食べ、ハナカメムシ類は卵を食べる。ヨトウタマゴバチは卵に寄生する。ウズキコモリグモなどの地表面を徘徊するタイプのクモも幼虫を捕食する。

ハスモンヨトウ
約37mm。どんな植物でも食べる、好き嫌いのないベジタリアン。天敵には肉食のハリクチブトカメムシがいる。
写真提供／天田眞

シロスジアオヨトウ　成虫
開張45～52mm。ゴッホの油絵のような雰囲気と力強さがある。

ヨトウムシの仲間
葉に穴があいているのに虫が見つからない場合は、ヨトウムシの可能性が高い。

そのほかの強力な天敵は、ムカデ、カエルなど。

対処法

●夜に水やりするとヨトウムシが増えるようなので、夕方以降の水やりをひかえる。
●草木灰を土に薄くまく。
●コーヒーかすを土にまく。
●日中、食害されている植物の下の土を手でどけると、土中にいるので捕殺する。
●卵のカラを砕いてまくとよい。

草木灰のまき方
ガーゼに包んで手首を軽くたたいてまく。

ミノムシ（ミノガ類）

場所 オオミノガ　イチョウ、モチノキなど
チャミノガ　カンナ、ヒマワリ、ツツジなど
時期 食害する時期は夏〜秋。姿は1年中見られる
食物 葉
天敵 寄生バチ、鳥

枯れ葉や枯れ枝にくるまれ、まさしく蓑をまとっているようなミノムシ。じつはガの仲間の幼虫だ。

ユーモラスな姿がかわいらしく、そのままにしてしまうことが多いのだが、チャミノガという小型のミノムシは大量発生することがあり、食害が著しいことがある。

好き嫌いがなく、いろいろな植物を食べる。あるときはツツジ類に大発生して、あやうく丸坊主にされそうになったことがあるし、においの強いハーブまで食べられたこともある。ヒイラギモクセイなど、いろいろなものについていた。

1匹や2匹なら気にする必要もないが、集団でいる場合は、軍手をして一つひとつ手で取ろう。手で取るとわかるが、けっこうしっかりと木にくっついている。取ったものはかわいそうだが、つぶしてほしい。そのままにしておくと、またやってきて食害されてしまう。

　オオミノガは一時期、海外からなんらかのかたちでやってきたと推測されるオオミノガヤドリバエという寄生性の天敵によって激減し、その存在が危ぶまれた。ある調査では、オオミノガに対するオオミノガヤドリバエの寄生率は90パーセント以上だったという。

　しかし、オオミノガヤドリバエに二次寄生するコバチやヒメバチが増えてきて、オオミノガも復活してきている。オオミノガが絶滅する前に、自然のバランスを保つ

column

10年手帳で
庭のダイアリーをつけよう

　庭を観察していると、雑草や虫のラインナップが毎年違うことに気づかされる。

　今年大発生したからといって、翌年も発生するとは限らない。健康な土や木であれば、むしろ毎年定期的に大発生することのほうがまれだ。ということは、毎年必ず発生する場合は、木が弱っていたり、土の状態が悪かったり、病虫害が発生するたびに農薬をまいたりすることで、庭の状況が不自然な環境になっているともいえる。

　「10年手帳」「5年手帳」というものが売られている。ひと目で毎年の同じ月と日付が見わたせる日記なので、それを庭のダイアリーにしておくと、庭の観察記録がつくれ、いろいろなことに気づくようになる。

　庭は一見毎年同じようでも、花の咲く時期が違ったり、セミの鳴く時期が遅かったり早かったり、今年はアブラムシが大発生したが、去年はチャドクガだったとか、自分の庭に関するいろいろなことがわかってくる。

　自然とは一期一会である。花を愛でるだけでなく、この一瞬の出会いへの感謝と、自然に対する畏敬の念をもって接することができるような、そんな感性を大切にしたい。

仕組みが働いたのではないかといわれている。*
昔は、ミノムシといえばオオミノガがほとんどだったのに、最近は都市近郊ではめったに見られなくなった。もし庭にオオミノガがいたら、あたたかい目で見てほしい。

対処法
軍手をはめて取ったあと、足でつぶす。蓑に包まれているので、自然農薬も効きにくい。

*鹿児島昆虫同好会2002年2月例会資料より。

オオミノガ

チャミノガ
約30mm

チャミノガ　幼虫

ミノムシの仲間
約10mm

ミノムシの仲間

小枝を使って蓑をつくるチャミノガは庭でよく見られる。花殻を使うニトベミノガのような種類もある。

オオスカシバ

場所 クチナシ、コクチナシ
時期 6〜9月
食物 葉
天敵 アシナガバチ、スズメバチ、カマキリ、鳥、カエル、クモ

オオスカシバは、体はうぐいす色で腰に赤と黒の帯があり、名前からもわかるように翅が透けていて、とても特徴的なスズメガの仲間だ。しかも昼でも活動し、羽音が大きいので目につきやすい。羽化直後には翅は透明ではなく鱗粉で覆われているが、激しく羽ばたくことで鱗粉を落とし、翅を透明にする。幼虫はこれが同じオオスカシバ?と思うほど、色や模様に個体差がある。

幼虫はクチナシやコクチナシの葉を食草にしているので、花壇にもよくいるし、都会の公園でもふつうに見られる。土の浅いところで蛹になるので、地面付近にいる肉食性の生きものが天敵になる。

1匹のオオスカシバが蛹になるまでに食べるクチナシの葉は約15枚。りっぱに繁ったクチナシだったら、何匹かのオオスカシバがいても、たいしたことはないが、まだ小さく葉の数が少ないものは、捕殺しないと木に対するダメージが大きい。

わが家では、観察したくて発生するのを楽しみにして

成虫
開張50〜70mm。名前のとおり翅が透けている。羽化直後には鱗粉があるが、翅を激しくふるわせて鱗粉を落としてしまう。ホバリングして花の蜜を吸う姿はなかなか愛らしい。
写真提供／松下美香

フン
はっきりした切れこみがあり、まるでパイナップルのようだ。幼虫が成長するとともに、このフンも大きくりっぱになる。

いるのだが、鳥やハチやカマキリにすぐもっていかれてしまう。どうしても成虫の姿が見たくて、蛹になる寸前の終齢幼虫を庭からもってきて飼育し、ついに成虫にしたほど。

成虫は長い口吻をもち、ホバリングしながらいろいろな花の蜜を吸いにやってくる。羽音がけっこう大きいので、ハチと間違える人もいる。また、ハチドリに間違える人もいるようだが、ハチドリは南北アメリカにしか生息していない。

対処法

クチナシの葉をよく観察して、葉が食べられていたら、幼虫がいる可能性大。パイナップル状のフンがクチナシの葉の上に転がっていたら、相当大きくなっている。

幼虫は葉の色に似ているので、見つけるのは難しいが、よく観察して見つけ、割り箸などで捕殺する。鳥やハチがよくくる庭なら、大発生することはない。

ほぼ緑色の基本形の幼虫
かなりクチナシの葉と同化した感じなので、見つけるのは難しいが、よく目を凝らすと、だんだん見つけられるようになる。

クチナシを食害中の幼虫
60〜65mm。よく見られるタイプの幼虫。ピンクの斑点がある。突起（尾角）がスズメガの特徴だが、人を刺したりはしない。ほかに黒白の筋に赤のまだらのものもある。

食害されたクチナシの葉
クチナシは一重でも八重でも、コクチナシでも、関係なく食害される。あまり大きくないクチナシは、ボロボロにされることもある。

クチナシの花
きんとんの色付けに使う実は一重にはなるが、八重咲きにはならない。

アオバハゴロモ

場所　多くの樹種。生け垣、庭木などの風通し、日当たりの悪いところ。放置された庭木。草花にはあまり発生しない
時期　5〜9月
食物　新梢、葉を吸汁
天敵　アミダテントウ、ガ、鳥、カマキリ、クモ、ハチ、カエル、寄生バチ

白いふわふわしたものが枝や茎についていたら、それはハゴロモの仲間の幼虫。庭でとくに多いのは、成虫が「ハト」という愛称で親しまれるアオバハゴロモ。幼虫は白いロウ物質で体が覆われている。

多食性なので、落葉樹・常緑樹を問わずいろいろな樹種に発生するが、発生するのはほとんどが枝葉の密生したところだ。キウイに大発生していた例もある。針葉樹にはほとんど発生しない。

ハゴロモ類の幼虫のなかには、リオのカーニバルの羽根飾りのようなものを尻につけていて、顔も金魚のようでユーモラスなものもいる。

ハゴロモ類の発生が原因で枯れた木を見たことがないので、見た目は汚くなるが、それほど気にしなくてもよい。

対処法

●密生したところが好きなので、樹木の場合は剪定して枝をすかし、日当たり、風通しをよくする。それだけでもかなり発生を防ぐことができる。
●ツバキは、実と実のついている枝の部分に発生していることがあるので、軍手をしてこそげとるか、細い枝ごと切り取る。
●以上を実施しても、まだどうしても気になるという場合は、ニンニク木酢液をスプレーして、寄りつきにくくする。
●それでもだめならニンニクごま油剤をスプレーする。
●雑草を根こそぎぬかず、5センチぐらいの高さに切りそろえておくと、天敵が豊富になるので、大発生が続くことはない。

アオバハゴロモとそのほかのハゴロモ類

アオバハゴロモ　幼虫
約5mm。大発生すると、木の美観は著しく損なわれるが、それで樹勢が衰えるようなことはない。日当たりと風通しをよくすれば、翌年からは発生を抑えられる。

アオバハゴロモ　成虫
9〜11mm。学名は*Geisha distinctissima*。「芸者」という名前がついているのは、エメラルドグリーンの翅に赤い縁模様が美しかったからだろうか？

アミガサハゴロモ　成虫
10〜13mm。全体がうぐいす色で細かい網目状の翅脈がある。両側の外翅の中央に白い紋があるのが特徴。

ベッコウハゴロモ　成虫
9〜11mm。クズ、ヤマノイモ、ウツギ、ミカンなどの樹木を好むので、庭ではめったに姿を見ない。

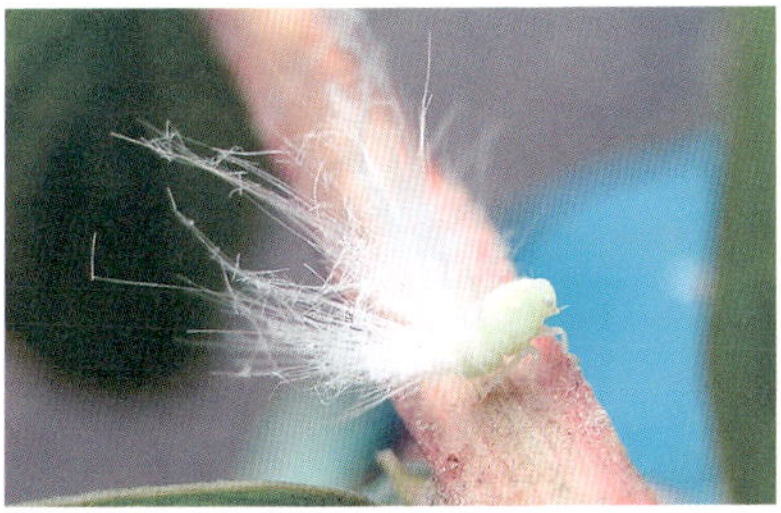

スケバハゴロモ　幼虫
「リオのカーニバル」のようにお尻にタンポポの綿毛のようなものをくっつけて歩いている。多種類の樹木を食害するというが、今のところ、めったにお目にかかったことはない。

スケバハゴロモ　成虫
9〜10mm。翅が透けてとても美しいスケバハゴロモ。もし出会えたら、ラッキーだと思ってその姿を堪能してほしい。

ツマグロオオヨコバイ

場所 いろいろな樹木
時期 3～11月
食物 梢、葉を吸汁
天敵 テントウムシ、ガ、鳥、カマキリ、クモ、ハチ、カエル、寄生バチ（とくにツマグロオオヨコバイには、ツマグロヨコバイタマゴバチ、ホソハネヤドリコバチ）

俗称「バナナムシ」とも呼ばれるツマグロオオヨコバイは、密生したアジサイなどにいるのをよく見かける。そのほか、広葉樹の風通しの悪いところに集団でいることがあるが、これもほとんど気にしなくてもよい虫だ。「ヨコバイ」という名前は、「横に這う」習性からきている。観察してみると、たしかに細い茎でも、危険を察知すると、横へ横へと逃げていく。

対処法
●樹木の場合、剪定して枝をすかし、日当たりと風通しをよくする。
●ニンニク木酢液をスプレーして、寄りつきにくくする。
●それでもだめならニンニクごま油剤をスプレーする。
●雑草を5センチぐらいの高さに切りそろえておくと、天敵が豊富になるので、大発生が続くことはなくなる。

幼虫
9～11mm。ユーモラスな魚のような顔に思わず吹きだしてしまう。

成虫
約13mm。俗称「バナナムシ」とも呼ばれる。近づくと茎を這うように横へと逃げていく。

セイヨウアジサイの花
よくアジサイに群れているが、実害はほとんどない。

カミキリムシ

場所 モミジ、ザクロ、イチジクなど
時期 5〜8月
食物 幼虫が幹、枝の内部を食害する
天敵 鳥、寄生バチ、ハチ
若い木には産卵せず、5〜6年以上の木に産卵する
幼虫による被害場所は、幹の低いところが多い

日本には約800種のカミキリムシが生息している。幼虫の俗称は「テッポウムシ」。

多くは、枯れ木、伐採木、倒木、薪を食べる種類で、生木を食べるものはそんなに多くはない。

注意しなければいけないのは、生木を食べるゴマダラカミキリ、キボシカミキリ、シロスジカミキリなど。

とくに庭で多いのがゴマダラカミキリで、モミジやザクロ、ミカン、イチジク、クワ、プラタナスなどを食害する。

カミキリムシの幼虫は、木のなかを食害しながら成長していく。幼虫に入られた木は、時には枯れてしまったり、台風の強風や雪の重みで折れてしまうこともある。

木のなかに卵を産むのなら、天敵に見つかることもなく、繁殖する一方では？と思っていたが、そこは自然界、そんなに甘くはない。

幼虫が木のなかで食害を始めると、木はにおい物質を出して、寄生バチを呼び寄せる。やってきた寄生バチは、長い産卵管をもっており、木のなかのカミキリムシの幼虫に卵を産むのだ。

カミキリムシの成虫は、農薬をまいても飛んで逃げてしまい、しばらくするとまた戻ってくるので、どんな農薬も効きにくい。カミキリムシがバタバタ死ぬような薬剤は、「人間にもっとも効く」劇薬だろう。とくにマツ枯れ対策で空中散布される農薬は、飛散することを考えて、地上でまく農薬よりも高濃度なので、注意が必要だ。

発見のポイント

木の根元に木くずのようなものがあったら、その上をよく見て、幹に穴があいていないかを確かめる。生木を食害するタイプのカミキリムシは高いところではなく、腰から下あたりの高さの幹を食害することが多い。

キボシカミキリ
15〜30mm。庭ではイチジクでよく見かける。幼虫は木の内部、成虫は葉をかじる。成虫を見かけたら卵を産みにきている可能性が高い。

ゴマダラカミキリ
23〜35mm。モミジ、ミカン、イチジクを食害する。大型で、つかまえるとキィキィと音を出す。

ボーベリア菌にやられたカミキリムシの仲間
いかにも強そうに見えるカミキリムシもボーベリア菌にはかなわない。体中を白いカビに覆われて死んでいた。

シロスジカミキリ　幼虫
約55mm。日本最大のカミキリムシで、成虫は45〜55mm、幼虫は大きいものだと90mmにも達する。成虫はクリ、クヌギ、コナラ、カシ類などの幹を噛み、その傷に産卵管を差しこんで卵を産む。幼虫は幹のなかを食害し、成虫になるのに約4年かかる。

カミキリムシの対処法
針金で突き刺したら、穴に味噌を塗りこんでおく。カミキリムシに食害されたからといって、必ずしも枯れてしまうというわけではない。枯れてしまう場合は、複数の原因が重なったとき。

カミキリムシの食害
木の根元に木くずがあったら、地面に近い幹の部分をよく見る。穴があいていたら、そこに針金を入れ、上部に向かって突き進めていき、幼虫を突き刺す。

対処法
●卵を産みにくる成虫を捕殺することがいちばんの対処法。割り箸などで取りのぞき、袋に入れて踏みつぶす。
●幼虫は、穴に針金を通して手応えがあるまで刺し、その後、穴に味噌を塗りこんでおく。

column

マツ枯れ病

マツ枯れ病が日本中で問題になっているが、その原因のマツノザイセンチュウはもともと日本にいたのではなく、北アメリカから輸入材とともにやってきた。北アメリカのマツはすでにマツノザイセンチュウに対して抵抗性をもっているので、たいした被害にならない。

マツノザイセンチュウは、弱った木につくという。ということは、農薬を散布すれば、ますますマツの根が弱り、マツノザイセンチュウがはびこるだけ。しかも、センチュウの宿主であるマツノマダラカミキリの幼虫は、幹のなかにすみついているので、効き目はない。それどころか、天敵にダメージを与えるだけだ。

ルリカミキリ

場所 バラ科の植物。近年はとくにセイヨウベニカナメモチ（レッドロビン）に多く見られる
時期 成虫は5～7月、幼虫は7月から翌4月にかけて
食物 幼虫が枝や幹、成虫が葉を食害する
天敵 鳥、ボーベリア菌

まちなかの生け垣で、一時期レッドロビンというカナメモチの洋種が流行ったことがあった。生育が早いので、すぐに生け垣になる。春と秋に真っ赤な葉っぱがのび、血のように真っ赤な色で、それを美しいと思う人もあれば、不気味に思う人もいる。「病虫害に強い」ともいわれ、多くの家で生け垣として植えられた。

そのレッドロビンを好んだのが、一時は絶滅寸前となったルリカミキリだった。オレンジの顔に群青色に輝くボディーの小さなかわいいカミキリムシなのだが、成虫は葉の葉脈に沿って食害し、幼虫は枝や幹を食べてフンを出しまるでココヤシの繊維のようにしてしまう。

まずは成虫が卵を産みにやってこないように、何か自分のつくりやすいオーガニックスプレーをつくって散布してみよう。

カナメモチはごま色斑点病という病気にもなりやすい。近所にカナメモチの生け垣が多い地域では、ルリカミキリの食害も、ごま色斑点病も移動してくるので、これから生け垣をつくる人は、なるべく避けたほうがよい。別の樹種の生け垣にするか、ウッドフェンスにするかなどを検討したほうが無難だ。ごま色斑点病には、スギナスプレーかコンポストティーの散布で対処してみよう！まく頻度などは、いろいろ試して工夫してほしい。

ベニカナメモチについたルリカミキリの成虫

成虫はボーベリア菌にやられて死ぬこともある。

幼虫のフン

被害にあったら必ず枯れるというわけではないが、木が弱っていると枯れることがある。

ごま色斑点病

菌糸でうつる可能性が高いので、生け垣を新しくつくる場合はカナメモチは避けたほうが無難。

クビアカツヤカミキリ

場所　サクラやウメ、モモなどのバラ科の樹
時期　成虫6〜8月ごろ
食物　幼虫が木のなかを食い荒らす
天敵　繁殖力が高く、外来種のため、現在はこれという天敵がいない

成虫の体長は25〜40ミリ程度。

サクラを食害。サクラの他にモモ、スモモ、ウメも食害するが、圧倒的にサクラが多い。サクラの大木がある個人の庭も珍しいと思うが、公園や街路樹、校庭などでは、この虫が大問題になっている。

成虫は全体が黒っぽく、首のあたりだけ赤いので、まさにネーミングどおりのカミキリムシ。

特定外来生物に指定され（2018年1月）、飼育や運搬などは原則禁止となっている。

そもそもソメイヨシノは、戦後に植えられたものが70年以上経ち、木としての寿命を迎えているため、ねらわれやすいということもあるのではないだろうか。

フラス（フンと木屑が混ざったもので、褐色のかりんとう状）を排出しながら、樹木内で2〜3年かけて成長し、蛹となる。

防除方法としては、成虫を見つけたらとにかく捕殺すること。樹木内の幼虫に関しては、ほかのカミキリムシと同様に針金で突き刺し、穴に味噌を塗り込める。

埼玉県では「クビアカツヤカミキリ発見大調査」を実施して市民に広く呼びかけ、被害の状況を調べるとともに、被害を防ごうとしている。ほかの県も対策しているところが多いので、自分の県で検索してみよう。

外来種は新天地ではまだ天敵らしい天敵がおらず、空気を読まないから、どんな状況でも食べられるなら食べる。それで大発生につながる。そうなると脅威なので、ほんとうは入った初期での駆除が大事。

成虫
全国で分布・被害拡大中。成虫は6月ごろに出現して交尾や産卵をする。
写真提供／古谷孝行

オリーブアナアキゾウムシ

場所　オリーブなど、モクセイ科の樹木
時期　4〜12月ごろ
食物　幹のなかを幼虫が食い荒らす
天敵　鳥、寄生バチ、ハチ

成虫の体長は1・5センチほど。

関東では3月下旬から12月上旬まで現われる。体の色は白が混じっているもの、全体が赤茶色のもの、黒っぽいものなど、個体差が大きい。また、こちらの気配を感じると、死んだふりをするのが得意でもある。

まだ苗のひょろひょろした木よりも、3年以上経って立派になった木のほうが好み。木は虫の害だけでは枯れないと書いたが、この虫に関しては、虫のせいで枯れたのかもしれないと思うことがある。実際は狭い場所や土の少ない場所でオリーブを大きく育ててしまって、無理があったり、夏の旱天《かんてん》で木が弱ったりして、オリーブアナアキゾウムシが来てしまうのだろう。来てしまうと言ったが、飛ぶのはあまり得意でないらしく、見たことがない。飛べるんだろうけど。

名前からしていかにも外来種のような感じがするが、どうやら日本の固有種らしい。もともとはイボタノキなどを食害していたようだが、オリーブの木が日本の庭に植えられるようになってからはオリーブばかり食べている。

何匹もの幼虫を産みつけられてしまうと、オリーブが立ち枯れてしまうこともある（もちろん、弱った木であるとは思うが）。見つけたら、ひたすら手で取り、足で踏みつぶしてほしい。

成虫
赤みの強い個体。

成虫
白っぽい個体。

オリーブアナアキゾウムシによる被害

column

植物の気持ち

植物は葉を食べられることがいやなのだろうか？

ラジオを聞いていたら、アフリカの話をしていた。「シマウマやキリンなどの草食動物に食べられる植物は、ある程度食べられると動物がまずいと感じる物質を出すようになる」という。

なぜ初めからその物質を出さないで、「ある程度」食べられてから出すのだろうか？

あくまでも私たちの想像だが、少し葉を食べさせて動物たちを集め、フンをさせることで土を豊かにしているのではないだろうか。つまり、植物は、ある程度食べられることを前提にしているのかもしれない。

また、植物に音楽を聴かせて成長をうながす方法があるが、鳥の声、なかでも暁の鳥のコーラスを聴かせると成長が著しいという。とすると、鳥たちを呼ぶために、植物は鳥の餌になるイモムシ、ケムシを飼っていると見ることもできる。

このようなことを考えると、植物は人間が思っているほど、「虫に食べられるのは絶対に許せない」とは思っていないのかもしれない。

カメムシ

場所 種類によっていろいろ
時期 種類によっていろいろ
食物 草食性　植物の実など
肉食性　ほかの昆虫
天敵 寄生バチ、寄生バエ、カエル、鳥、トンボ、カマキリ

カメムシといえば「屁こき虫」などとも呼ばれ、キョーレツなにおいに悩まされる。においのおもな成分はアルデヒド類。私たちの虫の師匠によると、「カメムシを何匹かビニール袋に入れて振り回すと、そのにおいでカメムシ自身が死んでしまう」とか。そういえば、脚立に乗って剪定中にカメムシがメガネの内側に落ちてきたことがあり、ビックリしたカメムシに一発お見舞いされて、水で洗っても2時間ほど目を開けるのに難儀したことがある。

さて、そんなカメムシのにおいが手についたら、石けんで洗っても消えない。そんなときは、オリーブオイル

少量を手につけて軽く揉み、ペーパータオルなどで拭き取ってから石けんで洗うとよい。カメムシの特有のにおいは、オイルに溶け出しやすい性質がある。

また、家のなかに入り込んだカメムシは、ティッシュペーパーで柔らかく包み、そのまま外へ出すと、においを出しにくい。においを出すのは異常事態に限るようだ。感じ方は人それぞれだろうが、キバラヘリカメムシとオオクモヘリカメムシは青リンゴのにおいがするらしい。

果樹畑などでは被害が大きいが、庭木で大量発生することは少ない。大量発生の原因としては、植物の過栄養状態が考えられる。通常の果樹栽培では大量の化学肥料をまくので、発生する可能性がある。カメムシの大量発生は、生態系のバランスが悪くなっていることを教えてくれているのだろう。

カメムシには、肉食性と草食性がいて、肉食性のものはハムシなどを好んで捕食する。カメムシというだけで嫌わないで、その種類や食性や生態を調べることが大切だ。また、色や模様が非常にきれいなものもいる。

対処法

ゴム手袋をした手で取りのぞき、袋に入れて踏みつぶす。ホースで勢いよく水を出して撃退する。

オオクモヘリカメムシ
草食性。17〜21mm。幼虫はネムノキで育ち、成虫は柑橘類やカキに寄生。

キバラヘリカメムシ
草食性。14〜17mm。マユミ、ニシキギ、ツルウメモドキの実を食害する。

クサギカメムシの卵と1齢幼虫
草食性。卵にある▲模様が不思議。成虫は次ページ。

エサキモンキツノカメムシ
草食性。11～13mm。ハートマークを背中につけたカメムシ。卵を産むと、子どもたちが2齢幼虫になって離れるまで飲まず食わずで卵を守る。

写真提供／天田眞

オオトビサシガメ
肉食性。20～27mm。人間も噛まれることがあり、相当痛いらしい。

アカシマサシガメ
肉食性。12～14mm。土の近辺や葉の上にいてほかの虫の体液を吸う。

ウシカメムシ
草食性。8～9mm。アセビやアラカシに寄生する。

オオホシカメムシ
草食性。15～19mm。アカメガシワやヤツデでときどき見かける。

キマダラカメムシ

場所 市街地の街路樹や庭木
時期 4～11月ごろ
食物 広葉樹の樹液
天敵 「カメムシ」に準ずる

以前は見たこともなかったのに、ここ数年やけに行く先々で見かける大型の外来種。食草にしているかどうかはわからないが、サクラ類、カツラ、ケヤキ、カキ、サルスベリ、エゴノキ、ナンキンハゼ、ブドウなどのさまざまな樹木で見られる。

江戸時代にはすでに日本（長崎県）にいたらしいが、その後、150年間も見つかっていなかったとか。それが、2000年ごろから急速に分布が拡大し、現在では関東より北の地域でもふつうに見られる。南方系のカメムシなので、日本の近年の暖かさが心地いいのかも。

キマダラカメムシと似た虫では、在来種のクサギカメムシがいる。あくまでも私見だが、近年はクサギカメムシよりもキマダラカメムシのほうをよく見かけるので、増えてる感あり。

キマダラカメムシ　幼虫

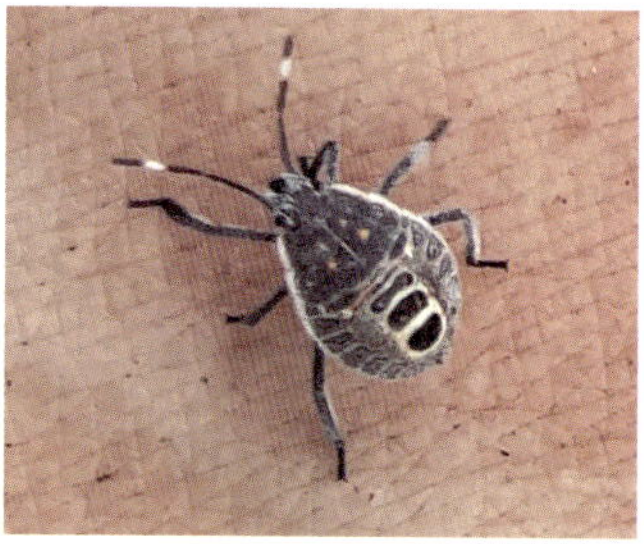

キマダラカメムシの幼体

キマダラカメムシの成虫

クサギカメムシ

ヘリグロテントウノミハムシ

場所 ヒイラギ、ヒイラギモクセイ
時期 幼虫は4月中旬ごろから発生
食物 ヒイラギやヒイラギモクセイの新葉（幼虫、成虫とも）
天敵 アシナガバチ、カマキリ、クモ、カエル、鳥

ヒイラギやヒイラギモクセイがボロボロになるまで、時には枯れてしまうまで食害される例があとを絶たない。これはヒメアカホシテントウにそっくりなハムシの仲間、ヘリグロテントウノミハムシのしわざ。

テントウムシと見わけるコツは、さわるとぴょんとノミのように跳ねること。だから、オーガニックスプレーをまいても飛んで逃げるので対処は難しい。捕殺しようと思っても、ぴょんぴょん跳ねてしまい、つかまえるのは困難だ。

いっせいに開発された住宅街では、生け垣などに同じ樹種を植えている家が多く、一度食害する虫が発生すると、あっというまに数を増やしていく。だからこそ、多様性が大切。近所にヒイラギやヒイラギモクセイが多く植わっている場合は、できるだけこの木を植えないほうが無難である。

幼虫
幼虫は葉のなかに潜って食害する。

成虫 3〜4mm
ヘリグロテントウノミハムシはキンモクセイやギンモクセイも食害するが、今のところヒイラギモクセイほど壊滅的な食べ方はされていない。

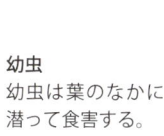

カタツムリ

場所　昼は鉢底や石の下などに隠れている
時期　1年中（とくに梅雨や秋雨の湿気の多い時期によく見られる）
食物　植物のやわらかい部分、花弁、新芽、若葉
天敵　マイマイカブリ、コウガイビル、鳥、カエル、イタチ、タヌキ

カタツムリは日本にいるだけで、約900種、世界には4万種もいるといわれる。

ちなみに、昆虫ではなくて、貝の仲間だ。

大きくわけると、木の上にいるものと土の上にいるものがある。地域に固有のものも多いので、その地域の環境指標にもなる生きものだ。

カタツムリは動きが鈍いので、地域の自然が開発されてしまうと、ほかの場所から移動してくることができない。だから、あとからどんなに木を植えても、もうその姿は見られなくなってしまう。実際、最近はカタツムリの姿をめっきり見なくなったと、多くの庭仲間が言っている。

1995年の阪神・淡路大震災で壊れた一戸建て住宅のあとにマンションが建設されたところ、庭にすんでいたカタツムリはすっかり姿を消してしまったという。つまり、生息しているカタツムリの種類や数が、どれだけ地域の自然が残っているかの指標になる。近年は、日本の在来種が減り、輸入された植物と一緒に入ってきた外来種が多くなっているようだ。

カタツムリは産まれたときから殻を背負っていて、成長していくにしたがい殻も大きくなっていく。殻が欠けるとちゃんと修復もする。

また、オスとメスとにわかれておらず雌雄同体なので、交尾をすると両方が産卵する。

植物のやわらかい部分、花弁、新芽、若葉などを食害し、食害された部分には穴があく。

カタツムリとフン
葉の裏には黒いフンとともに小さいカタツムリがいた。フンは粘液でぬらぬらと光っている。小型のカタツムリが、外来種の草花とともに増えている。

穴あきのミスジマイマイ
ミスジマイマイは関東地域に生息している大型のカタツムリ。殻に穴があいてしまうと、内側から補修する。

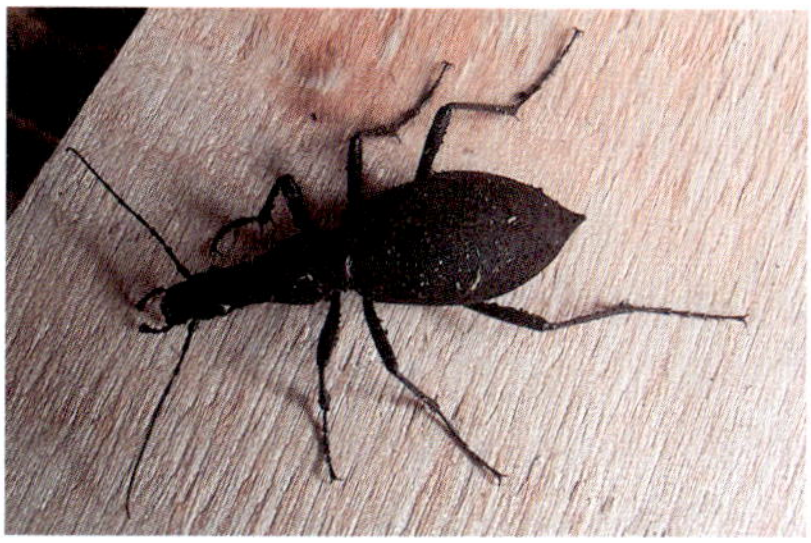

マイマイカブリ　成虫
38mm。夜行性で、幼虫・成虫ともにカタツムリを捕食。カタツムリは泡を出して抵抗する。

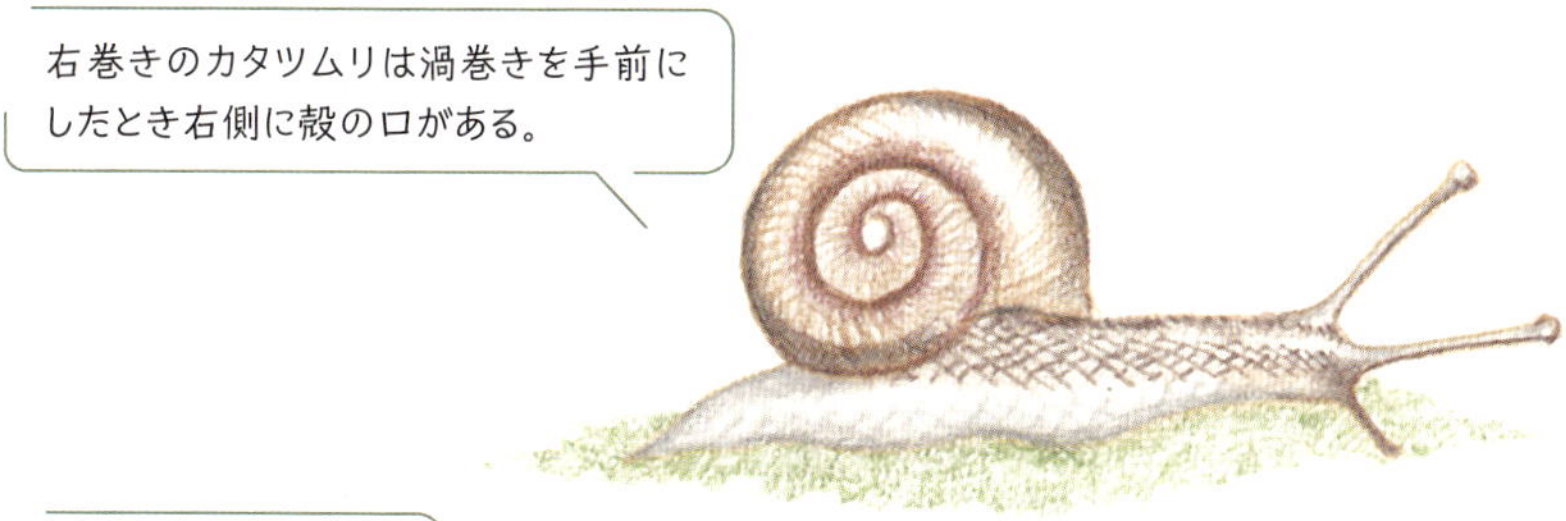
右巻きのカタツムリは渦巻きを手前にしたとき右側に殻の口がある。

左巻きのカタツムリ

ヒダリマキマイマイ

column

右巻きと左巻き

カタツムリには右巻きと左巻きがある。カタツムリの殻の渦巻きを正面から見て、殻の口が右側にあれば右巻き、左側にあれば左巻き。関西には左巻きはいないという。関東から東北に行くにしたがって左巻きが多くなる。

対処法

- 夕方以降の水やりをひかえる。
- 草木灰を嫌うので、薄く土にまくとよい。
- 割り箸かゴム手袋をした手で取って、足でつぶす。
- 広東住血線虫という寄生虫が人間にも危害をおよぼすといわれているので、カタツムリやナメクジにさわったら、必ず手を洗うこと。

ナメクジ

場所 湿ったところ
時期 3~11月（真冬をのぞいてほぼ1年中）
食物 花、葉
天敵 コウガイビル、オサムシ、鳥、カエル、ヒキガエル、トカゲ、ムカデ

近年、在来種が少なくなり、外来種が急激に増えている。ナメクジにカタツムリのような殻がないのは、石の下に潜るために殻を捨てたからだともいわれている。カタツムリと違って隠れる殻がないからか、夜行性。カタツムリと同じくオスとメスとにわかれておらず、雌雄同体。

通ったあとが粘液でぬらぬらと光っているので、嫌われがちだ。だが、大量発生するのは、湿り気が多かったり、完熟していない堆肥をまいたりした場合などが考えられる。土中に生ごみを埋めると多発しやすい。

ナメクジは、植物の花や葉を食べるので、雑草をきれ

いにぬいてしまうと、大切にしている草花が標的になる。

雑草は根からぬかず、見苦しくない程度に残すか、ある程度の高さでそろえて刈りこんでおくとよい。ナメクジも、わざわざ遠いところや高いところへ登らなくても手近なところに餌があれば、そこですませてくれるだろう。

また、石灰をまいて追い払ったという人もいたが、石灰はクモなども殺してしまうので、オーガニックな方法としてはすすめたくない。草木灰をまくことで対処しよう。

ヒルやムカデを嫌う人は多いが、人間とバッティングしなければ、ナメクジを食べてくれるので、庭にはぜひいてほしい生きものだ。とくにコウガイビル（102ページ参照）というプラナリアの仲間は、ナメクジ食いだ。

産卵中のナメクジ

夕方に水やりをすると、午後8時ごろからナメクジが石の下や植木鉢の底から出てくる。

雑草を根こそぎ取ってしまうと、人間が大事に育てている植物しか残らないので、それを食害されてしまう。

ナメクジの食痕。ナメクジは夜行性なので、昼間はあまり姿を見ないが、こんなかじりあとがあったらご用心。

対処法

●割り箸かゴム手袋をした手で取ってつぶすか、塩水をつくって入れる。広東充血線虫という寄生虫がいるので、さわったら必ず手を洗うこと。人間にも危害をおよぼすといわれ、死亡例もある。

●草木灰を嫌うので、土に薄くまくとよい。

●塩をまくとナメクジはいなくなるが、土には塩分はよくない。

●ビールは飲み逃げされることもあるので、ある程度深い入れ物を使わないと効果は薄い。

●雑草をあえて残し、ある程度の高さでそろえて刈りこんでおく。

●変わった方法としては、シュタイナーのバイオダイナミック農法に、ナメクジを腐らせた水肥をまくという方法がある。*

*『マリア・トゥーンの天体エネルギー栽培法　進化したバイオダイナミック農法実践本』（前原みどり訳）にくわしいつくり方が出ている。

アワフキムシ

場所 多くの植物
時期 5〜6月が多く、盛夏以降はあまり見ない
食物 植物の茎から吸汁
天敵 チビアナバチ、キスジアナバチ

雨の多い年はアワフキムシが多いようだ。カラ梅雨のときは少ないいような気がするので、湿気が好きなのかもしれない。

雨が降るとアワが溶けてしまいそうな気もするが、そんなやわなアワではない。雨にも流されず、風でも吹き飛ばされず、乾燥にも強く、破れにくく、壊れにくい。そうやって天敵から身を守っているのである。

人間が石けんのアワのなかに顔をつけていたら、窒息してしまうが、アワフキムシの幼虫は大丈夫。微細なアワとアワの間から空気が通っている。

あぶくを見ればすぐわかるので発見しやすい。

庭によくいるシロオビアワフキは、ヤナギ、クワ、マ

サキ、バラなどを食害するというのが定説だが、庭ではいろいろな植物を食害し、木だけでなく草花にもつき、ナンテンや香りの強いミントにまでついていた。

幼虫に吸汁されたミントは、葉が黄色っぽくなり、あきらかに元気がなさそうな色になっていた。しかし、それで枯れてしまうことはなく、アワフキムシがいなくなるとまた葉っぱは元気になった。

はたして、このアワをどけて捕食したり、寄生したりするものがいるのだろうか?と思っていたら、アナバチの仲間でチビアナバチ、キスジアナバチがアワフキムシを捕るという。どうやって捕るのだろうか? 捕っているところを見てみたい。

人間に危害をおよぼすことはない。

対処法

●ゴム手袋をはめ、アワを取りのぞき、幼虫を見つけてつぶす。

●毎日、朝晩、勢いよく水をまいて、アワごと洗い流すという方法もある。

column

石けんをつくる虫

アワフキムシの幼虫は、木から吸った水分と自分の体から出したアルカリ成分や脂質をまぜてアワをつくる。そのアワで敵から身を隠し、また敵を寄りつきにくくしている。

アワの成分は、なんと石けんと同じ。

アワをどけてみると、お尻の赤い、案外かわいい虫の正体が。アワがなくなっても、しばらくすると再びアワをつくる。

泡巣

高木にはあまりつくらず、灌木によく見られる。

シロオビアワフキ　幼虫

ルリチュウレンジ

場所 ツツジ類、サツキ類
時期 4月下旬〜10月（年3〜4回発生する）
食物 ツツジやサツキの葉。とくにオオムラサキツツジなど葉の大きい種類
天敵 カマキリ、トカゲ、クモ、サシガメ類、カエル、ハチ、鳥、チビアナバチ、キスジアナバチ、ヤドリバエ科の寄生バエ

ほとんどのハチは、イモムシやケムシを食べてくれたり、寄生してくれたり、ありがたい存在なのだが、なんとベジタリアンのハチというのがいる。その仲間をハバチといって、庭でよく遭遇するのが、ツツジやサツキを食害するルリチュウレンジ。

幼虫は葉脈だけ残してきれいに葉を食べてしまうので、そういう葉を見つけたらその近辺をよく探してみよう。透明感とツヤのある緑色で、若齢幼虫を過ぎると黒い点がたくさんあるので、すぐにわかる。

成虫は黒みがかった青色で、ツヤのある1センチぐら

幼虫　最大で20mm
ハチといっても、幼虫はツツジやサツキの葉を食べる。

成虫　最大で10mm
成虫は葉にひとつずつ卵を産み、集合性の巣はつくらない。

ルリチュウレンジによるオオムラサキツツジ食害
葉脈だけを残して、ツツジ類の葉を食べてしまう。とくにオオムラサキツツジにひどい食害が見られるようだ。

オオムラサキツツジ
ルリチュウレンジやツツジグンバイなどの食害をふせぐには、刈りこみだけでなく、ときどき、枝ぬき剪定をして風通しをよくする。落ち葉は掃除しておく。

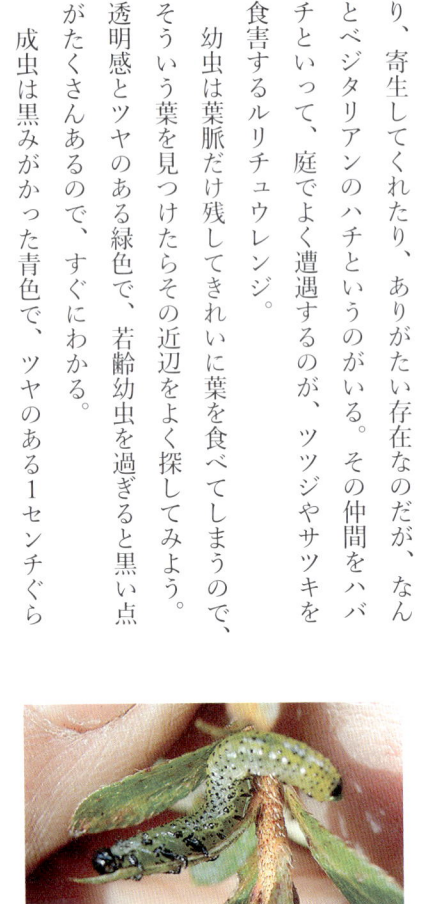

いのハチだ。だが、とまっている姿を見ると、ハチというよりはアブやハエに似ている。

ハチといっても毒針はないので、人間に危害を加えることはない。

しかも、成虫はアシナガバチやスズメバチのように巣をつくらず、のこぎり状の産卵管で葉を切り裂いて卵を産みこむ。成虫は葉を食べない。

土のなかで蛹になるので、地表に肉食性の生きものがたくさんいるとよい。

対処法

●幼虫は手で取る。

●成虫を見かけたら、卵を産みつけられないように、こまめにニンニク木酢液を散布する。アセビスプレーも効果あり。

●幼虫が蛹になるとき、土に潜って繭をつくるので、土の近辺にいろいろな生きものが多様にいることが大切。

そのほかのハバチ

そのほかのハバチには、アブラナ科の植物（野菜が多い）を食害するセグロカブラハバチ、ギシギシなどを食害するハグロハバチがいる。シモツケを食害するシモツケマルハバチはピンクやブルーなど個体差がありなかなか美しい。

天敵はルリチュウレンジとほぼ同じ。

ハグロハバチ　幼虫

約30mm。美しい色合いのハバチの一種。イタドリ、スイバ、ギシギシなどを食害する。

シモツケマルハバチ　幼虫

幼虫は葉、つぼみ、花を食べる。体色が黄色～緑～紫のグラデーションになっているものも。白いポンポンが水玉模様のようでかわいい。

バラにつく虫

天敵　カマキリ、トカゲ、クモ、サシガメ類、カエル、ハチ、鳥など

バラは何種類もの虫にねらわれる。ニホンチュウレンジ、アカスジチュウレンジ、チュウレンジバチ、ヒメクロオトシブミの幼虫などだ。

正直な話、バラ栽培のさかんなイギリスなどとは、日本は緯度も湿度も温度も違うので、バラにとってはとてもつらい環境なのだ。だから、ハバチ類だけでなく、アブラムシやウドンコ病やそのほかの病虫害の温床のようになってしまう。それを無理やりきれいに咲かそうと思えば、やれ殺菌剤、殺虫剤、化学肥料などと、オーガニックとはほど遠い園芸になってしまう。

酷なことをいうようだが、枯れるものは仕方がないと受け入れ、残ったものだけが、自分の庭にあっているものと考えてほしい。

また、どうしてもバラを育てたいのであれば、人為的につくりだされた園芸種のバラ（ハイブリッド系）よりも、原種や原種に近いバラ（オールドローズ系）にしてはどうだろうか。

農薬をまくということは、天敵も死んでしまうので、この先もずっと農薬をまきつづけることになり、バラの園というより、「農薬の園」になってしまう。実際、化学物質過敏症患者の人が、隣家のバラ愛好家がまく農薬で症状をひどくし、あちこちで問題になっている。

バラはハバチ類をはじめ病虫害にあいやすい。植えるのならば、園芸種のハイブリッド系より原種に近いオールドローズ系のほうが無難だろう。

対処法

●虫を見つけたら捕殺する。

●アセビスプレー（37ページ参照）をこまめに噴霧する。私たち自身もバラ好きの友人も試したが、絶大な効果があった。

バラの虫こぶ
食害によって細胞や組織が異常に増殖・増大した状態。

ヒメクロオトシブミ
体長5mm前後。

バラにつくチュウレンジバチの幼虫
14mm。

ツツジグンバイ

場所 ツツジ類、サツキ類
時期 5～9月
食物 葉を吸汁
天敵 グンバイメクラガメ

形が相撲の行司のもつ軍配に似ていて、翅が透けてキラキラ光り、よく見るととても美しい。

ツツジグンバイの食害は、葉の表面が白っぽくなり色がぬけたようになるため、一見ハダニによる食害と間違えやすい。だが、葉の裏を見ると、黒いヤニのようなものがついているので違いがわかる（黒いものはツツジグンバイのフン）。

成長が早く、年に4～5回発生する。つまり、5～9月ぐらいの間はつねに発生している。

ツツジには、ハダニやツツジグンバイがよく発生しているが、木を枯らすことはないので、あまり気にしないでよい。

逆に、ハダニやツツジグンバイの発生は、その環境が悪いということを知らせてくれているので、対症療法的なことでは解決できない。

根本的な解決策は、環境を変えること。

たとえば、ハダニやツツジグンバイが発生するようなツツジは、たいがい木の下に「根締め*」として使われていて、日当たりや風通しが悪いことが多い。ツツジを根締めに使う場合は、あくまでも常緑の緑を楽しむとわりきり、葉が食害されたり花が咲きにくかったりするのはあきらめる。

どうしてもいやな場合は、いくつか株をぬいて、密植しないか、思いきって日当たり、風通しのよいところへ移植する。

しかし、ツツジグンバイを好んで食べるカメムシもおり、生態系のバランスがとれていれば大発生することはあまりない。

薬剤散布しているツツジにはよく発生するが、農薬散布していない庭ではツツジグンバイの食害はほとんど見られない。

経験的にいって、街路樹や公園などの環境の悪いところ、農薬を定期的にまいているようなツツジほど発生がひどいようだ。

対処法

手で取るにはあまりに小さく、しかもすばやい。

●ニンニクごま油剤とニンニク木酢液を交互に散布して、成虫を寄りつきにくくするとともに、卵が孵化しないようにし、さらに土壌の微生物の活性化を図る。

●冬に成虫のまま落ち葉の下で越冬するので、秋口にツツジの下の枯れ葉を残さずきれいにかき出して掃除する。

＊中高木の根元に低木を植えて空間を引き締めて見せる、見た目重視の植栽方法。

クルメツツジ

ツツジグンバイ　成虫
3mm。相撲の行司のもつ軍配に形が似ていて、翅が透けてキラキラ光っている。どこにでもいるが、小さいので見つけにくい。

ツツジグンバイの食痕
オオムラサキツツジの表は白くぬけたような色、裏は茶色のフンがびっしりとついている。典型的なツツジグンバイによる食害。

ハマキムシ（ハマキガ類）

場所　種類によっていろいろな樹種
時期　春～秋。年3～5回
食物　新芽、新葉（新芽や新葉が糸で綴られている）
天敵　寄生バチ、アシナガバチ

1枚の葉が巻かれていたり、2枚以上の葉が綴り合わさっていたら、ハマキムシのしわざだ。ハマキムシとは、葉を巻いたり綴ったりするガの幼虫の総称。

巻いた葉を開くと、そのなかに幼虫がフンまみれで、糸を綴って食害している。移動して次々と葉をかえるので、葉を開いても空っぽのときがある。

庭でよく見るのは、モッコクハマキ、モチノキにつくチャハマキなど。

いろいろな樹種を食害し、モチノキのほかにはイヌマキ、カキ、柑橘類など、針葉樹、広葉樹を問わず食害する。「チャ」という名前がついているが、なぜか茶の木にはほとんど発生しない。

今までにハマキムシの被害で枯れた木というのは見たことがない。

対処法

●巻いてある葉、綴られている葉をひたすら手で取りのぞく。

●巻いた葉のなかや落ち葉の下で越冬するので、秋から冬にかけて、徹底的に巻いた葉を取りのぞき、越冬できないように落ち葉をきれいに掃除しておく。

●アシナガバチに捕食してもらいやすいよう、中枝を剪定して、日当たり、風通しをよくする。

ハマキムシの食害
綴られたモッコクの葉からフンがこぼれ出ている。

モッコクハマキ　幼虫
約10mm。葉を開くと、フンとともに幼虫が出てきた。

モッコクの葉
葉は厚くツヤがあり、根元が赤みを帯びて互生し、枝先に集まってつく。

チャハマキ　幼虫
約22mm。あらゆるものを食べるハマキムシ幼虫。

サンゴジュハムシ

場所 サンゴジュ、ガマズミ、ヤブデマリ、オオデマリ
時期 幼虫は4月中旬から発生
食物 右記の植物の葉
天敵 アシナガバチ、カマキリ、クモ、カエル、鳥

サンゴジュは、サンゴジュハムシの食害が著しいため、新たに植栽されることは少なくなった。だが、庭でガマズミやヤブデマリやオオデマリを植えるため、サンゴジュハムシ自体はそれほど減っていないような気がする。

農薬をまいても成虫は飛んで逃げるので、オーガニックスプレーでも対処は難しい。

サンゴジュハムシの食草となる樹はできるだけ植えないようにし、食害で枯れた場合は、ほかの樹種に植え替えるほうが無難である。

捕殺してもしても、翌日にはまた成虫が飛んでくる。成虫も幼虫も食害するので、どちらも毎日根気よく、長期にわたってひたすら捕殺する。

そのためには、樹高を高くしないで、手の届く範囲に抑えておくこともポイントだ。

成虫　5.5〜7mm
成虫は6〜7月ごろ現われ、9〜10月に産卵。小枝の根元の樹皮をかじり取り、卵をかためて産みつけ、褐色の分泌物で厚く覆うという。
写真提供／天田眞

幼虫　8〜10mm
年に1回の発生だが、その食害はすさまじい。幼虫は4月ごろ、葉上に見られる。3齢で終齢となり、地中に入って蛹になる。

サンゴジュ
つややかで美しい葉、かわいい白い花、夏には赤い実がみごと。だが、サンゴジュハムシの被害が著しいので、近年ではすっかり植えられなくなった。

column

オーガニックスプレーを使っている植木屋さんからのお便り

オーガニックスプレーを使いながら思うことは、ひとつの強力な力ではなく、小さな力の積み重ねや協力がバランスを保ち、病気や虫の大量発生を防ぐということです。

先日、初めて大きなタンクに500倍のニンニク木酢液をつくって、動力式噴霧器で10軒ほどのお宅に散布してきました。チャドクガやマツカレハの小さい幼虫が出はじめており、マツのハダニも増えているので、予防もかねての散布です。夏場に化学合成農薬の散布は、肉体的にも精神的にもこたえますが、その点、オーガニックスプレーは楽に散布できたように思います。

お客さんの反応は、無頓着な人から、「これからはこれだね！」という人までさまざまでした。木酢のにおいをいやがる人もいるので、まわりのお宅の洗濯物などには気をつけました。

また、6月ごろカシにひどいウドンコ病が出ていたお宅があり、風通しと日当たりがよくなるような剪定をし、ニンニク木酢液を散布していたのですが、先日、2カ月ぶりくらいに行ったところ、ウドンコ病がほとんどなくなり、葉っぱも青々として元気になっていて、うれしくなりました。

（愛媛県の造園業　Iさんから）

コガネムシ
カナブン
ハナムグリ

コガネムシとカナブン、さらにはハナムグリというのがいる。これらはすべてコガネムシ科の昆虫で、姿かたちが似通っているので、どれがどれだかわからないという声をよく聞く。

コガネムシは全体的に丸くて、翅の付け根がU字になっている。コガネムシでよく見かけるのは、アオドウガネ、ドウガネブイブイ、ヒメコガネ、マメコガネ。これらは、幼虫が植物の根を食害し、成虫は葉っぱを食べてしまう。

対してカナブンは角ばった形をしていて、翅の付け根は逆三角形。幼虫は腐葉土や堆肥を食べて分解してくれる土壌改良者。成虫は樹液を舐めたり、腐った果物を食べる。

ハナムグリもカナブンに似ているが、こちらは体全体に綺麗な白の斑点模様がある。翅の付け根は逆三角形。幼虫はカナブンと同じようなところにいて、成虫は名前のとおり、花粉や花の蜜を食べて受粉におおいに役立っている。

つまり、このなかで気をつければいいのはコガネムシの仲間だけ。特徴をおぼえてテデトール・アシデフームしよう。

アオドウガネ（根・葉）

カナブン（樹液）
写真提供／懸田剛

コアオハナムグリ（花粉）
写真提供／懸田剛

きれいな虫・不思議な虫

セモンジンガサハムシ
約6mm。陣笠のような形をしていることからこの名前がついた。翅が透け、背中の中央に金色に輝くXの模様をつけている美しいハムシ。サクラ、リンゴ、ナシなどの葉を食害する。

アカスジキンカメムシ
16〜20mm。カメムシの王様。大きさも模様も超一級の迫力。ツゲに発生するといわれるが、庭では一度しか見たことがない。

ホオズキカメムシの卵
宝石のような卵は、4個ずつきれいに並んでいる。四進法の達人なのか!?

アカスジカメムシ
16〜20mm。ニンジンやディルにつく。

シャチホコガ　若齢幼虫
アリのような、サソリのような、宇宙人のような、なんとも不思議なイモムシ。

ルリボシカミキリ
18〜29mm。ルリボシカミキリは日本だけにいる特産種。その姿を見た人はその美しさに息をのむ。薪を積んであるところなどにいる。生木は食害しない。

ここで紹介する虫たちは、庭にふつうにいるというものばかりではないが、
郊外の庭ではお目にかかれることもある。庭での出会いは、一期一会、極上の喜びだ。

ルイスアシナガオトシブミ
5〜6mm。ドルマンスリーブの赤いドレスを着ているように見える。

コウチスズメ
開張40〜60mm。まるでミュージカル「キャッツ」のお面のよう。思わず「メ〜モリ〜♪」と歌いたくなってしまう。

クロメンガタスズメ
人面を背中に背負っているといわれるが、猿の顔のようにも、アフリカの伝統的な仮面のようにも見える。
写真提供／下川智晴

ワタヘリクロノメイガ
お尻のポンポンをチアリーダーのようにくるくるまわす不思議なガ。別名ウリノメイガと呼ばれ、幼虫はキュウリやニガウリなどのウリ科植物の葉を食害する。

オオホシオナガバチ
30〜40mm。このしっぽを見よ！といいたいが、これは産卵管。ニホンキバチ、ヒラアシキバチなど、材木を食べるキバチの幼虫に寄生する。つまり、ハチに寄生するハチだ。

ハイイロリンガ
15mm。開張23〜27mm。動くアート!?　まるでオーストラリアの先住民アボリジニーの描くアートみたいだ。幼虫はヌルデの葉を食べる。

おわりに

地球上の全生物の約6割は昆虫です。そんなわけで、地球のことを「虫の惑星」と呼ぶ人もいます。庭のなかでもその多くを占めるはずの虫たちに、もう少しスポットライトが当たってもよいような気がして、この本を書いてみました。

しかしながら、植木屋の私たちには、虫の同定（名前をはっきりと見極めること）や用語の説明が難しく、途中、何度くじけそうになったかしれません。そんなときに私たちを励まし、多くの示唆とアドバイスをくださり、写真もご提供くださった虫友だちの阿部浩志さん。本書の制作にあたっては、旧版にはなかった新たな虫種とコラムの査読をしていただきました。私たちの虫を見る目を育ててくれた虫の師匠でもある、作家でイラストレーターの盛口満さんには、旧版制作時に多くのアドバイスをいただきました。文京学院大学非常勤講師の森下英美子さんには、今回、鳥についての多くの情報をいただきました。また、編集者の髙橋芽衣さんには面倒な作業にていねいに対応していただき、改訂をスムーズに進めることができました。さらに古くからの友人でもあるブックデザイナーの田中明美さんには、改訂にあたり、読みやすくデザインしていただきました。

みなさんのお力がなければ、この本を出版することはできませんでした。この場を借りて、心からお礼申し上げます。

たくさんの虫たちには、時として驚かされ、笑わされ、なぐさめられました。生きとし生けるものはみんなつながっている――虫たちから多くの大切なことを学べたことにも感謝します。植物と虫たちと人間と……すべてが共生できる庭が増えますように。

この本が、みなさんのこれからの庭づくりのお役に立てることを願って――。

2025年3月吉日

曳地トシ・曳地義治

【マ行】

【ヤ行】

【ラ行】

【タ行】

【ナ行】

【ハ行】

植物名・病名索引

【マ行】

【ヤ行】

【ラ行】

【ワ行】

【ナ行】

【ハ行】

【サ行】

【タ行】

【カ行】

虫名索引

太字はタイトルページ、赤字は天敵欄での記載です。
爬虫類、両生類、鳥類、ほ乳類など昆虫以外の動物名も含みます。

【著者紹介】

イラスト：坂野奈月

曳地トシ（ひきち・とし）…文章担当

1958年、神奈川県真鶴町生まれ。植木屋のおかみ業にあきたらず、「高いところ・泥汚れ・虫」が三大苦にもかかわらず、無謀にも現場に出て現在にいたる。無農薬で植木屋を続けるためには、苦手な虫たちのことを知るしかないと、調べたり、観察するうちに虫のおもしろさのとりこになり、ついにはこの本を書くまでに。そしてますます庭仕事のほんとうの愉しさにはまっている。

曳地義治（ひきち・よしはる）…イラスト担当

1956年、東京都立川市生まれ。子どものころは暇さえあれば、鉛筆で広告の裏に絵を描いていた。昔からデザイン関係の仕事に関心をもっていたが、木工業、ログビルダーなどを経て、植木職人およびガーデンデザイナーとなる。日本生態系保護協会・ビオトープ施工管理士２級。土木施工管理士２級。

ひきちガーデンサービス

夫婦ふたりで、個人庭を専門に、農薬や化学肥料を使わない庭の管理や、本物の素材を活かし、安全で使いやすい庭、バリアフリーガーデン、自然の恵みを利用した循環型の庭づくりなどを地域のなかで提案・実践している。

2005年、「NPO法人日本オーガニック・ガーデン協会（JOGA）」（joga-garden.jp）を設立。代表理事と理事を務める。庭からの環境保護という考えを広めていくため、オーガニックスプレー（自然農薬）のつくり方や庭の小さな生態系の大切さを伝えようと、講演会の講師を務めたり、雑誌や新聞などに記事を執筆したりしている。

おもな著書に『オーガニック植木屋の剪定術』『オーガニック植木屋の庭づくり』『雑草と楽しむ庭づくり』（以上、築地書館）などがある。

hikichigarden.com

虫といっしょに！オーガニックな庭づくり

2025 年 5 月 9 日　初版発行

［著者］曳地トシ＋曳地義治

［発行者］土井二郎

［発行所］築地書館株式会社
〒 104-0045 東京都中央区築地 7-4-4-201
TEL. 03-3542-3731　FAX. 03-3541-5799
https://www.tsukiji-shokan.co.jp/

［印刷・製本］シナノ印刷株式会社

［装丁・本文デザイン］田中明美

 ISBN 978-4-8067-1681-5

● 築地書館の本 ●

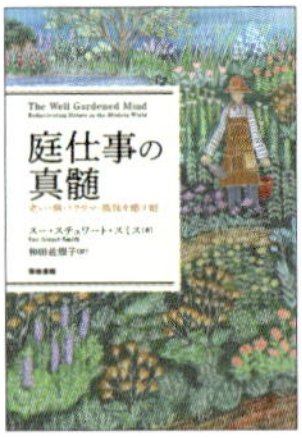

庭仕事の真髄

老い・病・トラウマ・孤独を癒す庭

スー・スチュアート・スミス［著］　和田佐規子［訳］

3,200 円＋税

人はなぜ土に触れると癒やされるのか。

庭仕事は人の心にどのような働きかけをするのか。

さまざまな研究や実例をもとに、庭仕事で自分を取り戻した人びとの物語を経験豊かな精神科医が描いた全英ベストセラー。

二十四節気で楽しむ庭仕事

ひきちガーデンサービス（曳地トシ＋曳地義治）［著］

1,800 円＋税

十七音を通して見ると、これまで見慣れていた庭の生きもの、庭仕事、暮らし、自然が、新たな輝きをもって現われてくる。

俳句を通して豊かで奥深い庭仕事、庭という小宇宙を再発見し、その楽しさを伝えたい——。庭先の小さないのちが紡ぎだす世界へと読者を誘う。

雑草と楽しむ庭づくり

オーガニック・ガーデン・ハンドブック

ひきちガーデンサービス（曳地トシ＋曳地義治）［著］

2,200 円＋税

個人庭専門の植木屋さんが教える、雑草を生やさない方法、庭での活かし方、草取りの方法、便利な道具……。

オーガニック・ガーデナーのための雑草マメ知識も満載。

雑草を知れば知るほど庭が楽しくなる。

鳥・虫・草木と楽しむ

オーガニック植木屋の剪定術

ひきちガーデンサービス（曳地トシ＋曳地義治）［著］

2,400 円＋税

無農薬・無化学肥料・除草剤なし！

剪定上達への道は、よい剪定例をたくさん見ること。

樹木の特徴を活かしつつ、病虫害にかかりにくい手入れ法を、多数の写真とともに解説します。

オーガニック植木屋の庭づくり

暮らしが広がるガーデンデザイン

ひきちガーデンサービス（曳地トシ＋曳地義治）［著］

2,000 円＋税

無農薬・無化学肥料で暮らしと自然をつなぐ庭をつくってきたオーガニック植木屋が教える、あると便利な庭の設備、庭をもっと楽しむコツ、「いざというとき」への庭での備え。

有機的なつながりを大切にする庭のつくり方、使い方を提案します。

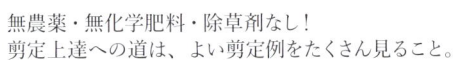